Lancelot

Il taquine tout le temps les autres.
C'est le meilleur ami d'Amédée.

Ursule

Elle aime beaucoup les
animaux. Elle a quatre
souris. C'est la jumelle
d'Octave.

Lulu

Elle est bavarde,
dégourdie et
toujours prête
à participer.

Son chien
s'appelle Hélas.

Joséphine

Elle n'écoute
jamais en classe.

— Serge —

C'est le fils du concierge.
Il connaît toutes les
cachettes de l'école.

— Olga —

Elle est timide.
Elle pleure souvent.

Omar

Il a toujours faim.
Il est toujours
de bonne humeur.

Octave

Il est très distrait,
toujours la tête dans
les nuages. C'est
le jumeau d'Ursule.

Amédée

Il n'est pas très bon en classe.
Il chahute souvent et fait
des mauvais coups. C'est le
meilleur ami de Lancelot.

Les Éditions du Trécarré reconnaissent l'aide financière
du gouvernement du Canada par l'entremise du
Programme d'aide au développement de l'industrie
de l'édition (PADIÉ) pour ses activités d'édition.

Nous remercions le Gouvernement du Québec - Programme
de crédit d'impôt pour l'édition de livres - gestion SODEC.

Ouvrage conçu et dirigé par Michel Brindamour
Révision pédagogique: Pierrette Tranquille
Révision linguistique: Christine Barozzi
Conception graphique et mise en page: Kuizin
Illustrations: Christine Battuz

© 2007, Éditions du Trécarré
ISBN : 978-2-89568-307-0

Dépôt légal
Bibliothèque et Archives nationales du Québec, 2007
Imprimé au Canada

Éditions du Trécarré
Groupe Librex
La Tourelle
1055, boul. René-Lévesque Est
Bureau 800
Montréal (Québec) H2L 4S5
Tél. 514 849-5259
Téléc.: 514 849-1388

Catalogage avant publication
de Bibliothèque et Archives Canada.

Tchou, Françoise

Le petit prof,
1"[-3"] cycle

Comprend des index.

ISBN 978-2-89568-306-3 (v. 1)
ISBN 978-2-89568-307-0 (v. 2)
ISBN 978-2-89568-308-7 (v. 3)

1. Devoirs à la maison.
2. Français (Langue) - Problèmes et exercices.
3. Mathématiques - Problèmes et exercices. I. Titre.

LB1048.T38 2006   372.13028'1   C2006-941833-0

Distribution au Canada
Messagerie ADP
2315 rue de la province
Longueuil (Québec) J4G 1G4
sans frais: 1-800-771-3022

LE PETIT PROF

Ce livre appartient à :

....

MOT AUX PARENTS

Ah! Les devoirs! Qui n'a jamais entendu ces mots : « Je ne comprends rien! Aide-moi! Qu'est-ce qu'il faut faire? J'suis pas capable!»

Le temps des devoirs, pour les parents, est très souvent un mauvais quart d'heure à passer. Plusieurs d'entre eux se sentent démunis et, pour beaucoup, c'est même devenu un véritable cauchemar – surtout depuis les dernières réformes dans l'éducation. C'est bien dommage, car les devoirs devraient permettre aux enfants de refaire à la maison, à leur propre rythme, ce qui a été vu en classe pendant la journée. En fait, ce que plusieurs parents souhaitent en secret, c'est d'avoir en permanence à portée de main un professeur qui pourrait être consulté à tout moment.

Le petit prof, outil de référence simple et facile à consulter, pourra très bien jouer ce rôle de dépannage. Il a précisément été conçu pour aider les enfants à faire face à toutes les embûches qu'ils peuvent rencontrer dans leurs devoirs de français et de mathématique.

Le petit prof est divisé en deux grandes parties : français et mathématique.
Et chaque partie contient, un peu à la manière d'une grammaire, mais par ordre alphabétique, toutes les notions étudiées au cours des deux années du cycle : les règles, les explications, des exemples, des conseils, des trucs.

De plus, et c'est ce qui fait la grande originalité du petit prof, chaque notion est accompagnée de devoirs déjà corrigés. Ces devoirs modèles permettront aux enfants (et aux parents) de comprendre les notions non seulement en théorie, mais aussi en pratique grâce à un ou deux exercices types qui s'y rattachent. Ainsi, pour chaque cycle, près de 200 devoirs modèles sont proposés.

Le petit prof aide aux devoirs. C'est un guide que les enfants consulteront en toutes circonstances, selon leurs besoins, un peu comme s'ils avaient le livre du maître à la maison.

Françoise Tchou

COMMENT UTILISER CE LIVRE

Après avoir cherché dans l'ordre alphabétique, comme dans un dictionnaire, la notion qui pose un problème (conjugaison, addition, etc.), on peut utiliser ce livre de deux façons : consulter d'abord les devoirs modèles pour comprendre ce qu'on a à faire et lire ensuite les explications ou, si l'on préfère, commencer par lire les explications et consulter ensuite les devoirs modèles.

À la fin de l'ouvrage, un index permet de trouver rapidement une notion à partir d'un mot qui ne fait pas l'objet d'une entrée, mais qui demande une explication (noyau, somme, etc.).

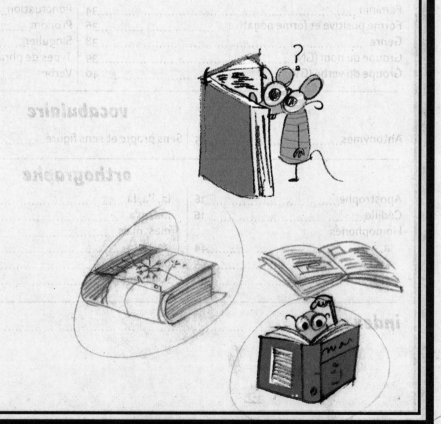

SOMMAIRE
Français

grammaire

vocabulaire

orthographe

index

SOMMAIRE
Mathématique

arithmétique

géométrie

mesures

statistique et probabilité

index

SOMMAIRE

statistique et probabilité

index

1re période :

FRANÇAIS

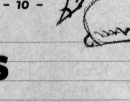

Accord dans le groupe du nom

Voir aussi *genre, groupe du nom, nombre.*

DEVOIRS MODÈLES

1. Au-dessus de chaque nom, écris son genre (**m.** ou **f.**) et son nombre (**s.** ou **pl.**), puis complète le GN par un déterminant de la liste.

mon	la	ton	quatre	des	leurs	cette	une	les

m. pl.
<u>leurs</u> crayons

m. s.
<u>mon</u> directeur

f. s.
<u>cette</u> cuisinière

f. s.
<u>la</u> rentrée

f. pl.
<u>les</u> vacances

f. pl.
les <u>quatre</u> classes

m. pl.
<u>des</u> sacs

m. s.
<u>ton</u> devoir

f. s.
<u>une</u> récréation

2. Au-dessus de chaque nom, écris son genre (**m.** ou **f.**) et son nombre (**s.** ou **pl.**), puis complète le GN par un adjectif ou un participe passé de la liste.

bâclés	blanches	bleue	chiffonnées
débrouillards	désordonnée	énervé	incomplets
terminée	punis	noir	incompréhensibles

m. s.
le tableau <u>noir</u>

f. s.
ma trousse <u>bleue</u>

m. pl.
des garçons <u>punis</u>

m. s.
un directeur <u>énervé</u>

f. s.
une fille <u>désordonnée</u>

f. s.
la récréation <u>terminée</u>

m. s.   *f. s.*
un garçon et une fille <u>débrouillards</u>

f. pl.
des explications <u>incompréhensibles</u>

f. pl.
des feuilles <u>blanches</u> <u>chiffonnées</u>

m. pl.
des devoirs <u>bâclés</u> et <u>incomplets</u>

EXPLICATIONS

Dans un groupe du nom, le déterminant, l'adjectif ou le participe passé reçoivent leur genre (masculin ou féminin) et leur nombre (singulier ou pluriel) du nom qu'ils accompagnent.

Exemples :

leur**s** crayon**s** rouge**s**

Le nom **crayons** est masculin pluriel, donc le déterminant **leurs** et l'adjectif **rouges** sont au masculin pluriel.

des feuille**s** blanche**s** chiffonnée**s**

Le nom **feuilles** est féminin pluriel, donc le déterminant **des** et les adjectifs **blanches** et **chiffonnées** sont au féminin pluriel.

Lorsqu'un adjectif précise un nom masculin et un nom féminin, il se met au masculin pluriel.

Exemple : un **garçon** et une **fille** débrouillar**ds**.

Attention !

Les déterminants numéraux (deux, trois, quatre…), sauf **vingt** et **cent**, sont invariables.

Exemple : les **quatre** classes

Le déterminant numéral **quatre** est féminin pluriel parce que **classes** est féminin pluriel, mais il est invariable (il s'écrit de la même façon au masculin et au féminin, au singulier et au pluriel).

Accord du verbe

Voir aussi *conjugaison, groupe sujet, groupe du verbe, verbe.*

DEVOIRS MODÈLES

1. Entoure en bleu les groupes sujets et souligne en rouge leurs noyaux.

a) Lulu aime les chiens.

b) Elle ramène tous les chiens qui traînent.

c) Les parents de Lulu sont découragés.

d) Hélas et Zut enterrent des os dans la cour de l'école.

2. Relie le noyau du groupe sujet au verbe par une flèche.

a) Lulu aime les chiens.

b) Elle ramène tous les chiens qui traînent.

c) Les parents de Lulu sont découragés.

d) Hélas et Zut enterrent des os dans la cour de l'école.

3. Accorde le verbe entre parenthèses à l'indicatif présent.

a) Lulu ne _veut_ pas abandonner ses chiens. (vouloir)
b) Les chiens de Lulu _aboient_ sans arrêt. (aboyer)
c) Son père et sa mère _refusent_ de garder plus de cinq chiens à la fois. (refuser)
d) Tes chiens _laissent_ des poils partout ! (laisser)
e) Les chiens qui _entrent_ _mettent_ de la boue partout. (entrer, mettre)

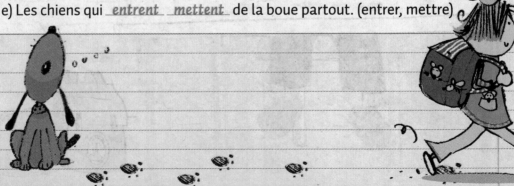

EXPLICATIONS

Dans une phrase, le verbe conjugué reçoit sa personne et son nombre du sujet (le noyau du groupe sujet).

Exemples :

Lulu aime les chiens.

  GS   GV

*Dans cette phrase, le verbe **aimer** est à la 3ᵉ personne du singulier parce que son sujet, **Lulu** (le noyau du groupe sujet), est à la 3ᵉ personne du singulier.*

Les parents de Lulu sont découragés.

      GS   GV

*Dans cette phrase, le verbe **être** est à la 3ᵉ personne du pluriel parce que son sujet, **parents** (noyau du groupe sujet), est à la 3ᵉ personne du pluriel.*

Quand le sujet est un pronom, le verbe reçoit sa personne et son nombre du pronom. Si le sujet est le pronom relatif **qui**, le verbe reçoit sa personne et son nombre du mot remplacé par **qui** (l'antécédent de **qui**).

Exemple :

Elle ramène tous les chiens qui traînent.

 GS   GV   GS   GV

*Dans cette phrase, le verbe **ramener** est à la 3ᵉ personne du singulier parce que son sujet **elle** est à la 3ᵉ personne du singulier. Le verbe **traîner** est à la 3ᵉ personne du pluriel parce que son sujet, **qui**, remplace **chiens**, 3ᵉ personne du pluriel.*

Quand le groupe sujet est constitué de plusieurs groupes du nom, le verbe se met au pluriel.

Exemple :

Hélas et Zut enterrent des os dans la cour de l'école.

    GS   GV

*Dans cette phrase, le verbe **enterrer** est à la 3ᵉ personne du pluriel parce que le groupe sujet est constitué de deux groupes du nom (**Hélas**, **Zut**).*

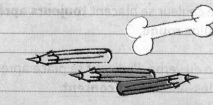

Adjectif

Voir aussi accord dans le groupe du nom, classes de mots, groupe du nom.

DEVOIRS MODÈLES

1. Dans le texte suivant, entoure les adjectifs.

Ce matin, Charles-Antoine est (content). Il a un (nouveau) ballon de soccer, un ballon (magnifique) que son père lui a rapporté de son (dernier) voyage au Brésil. Il est (impatient) de le montrer à ses (petits) camarades.

2. Réécris chaque groupe du nom en ajoutant l'adjectif entre parenthèses.

a) un ballon (gros)   *un gros ballon*
b) un garçon (comique)   *un garçon comique*
c) un voyage (agréable)   *un agréable voyage (ou un voyage agréable)*
d) un ballon (rouge)   *un ballon rouge*

EXPLICATIONS

Un adjectif est un mot qui ajoute une caractéristique à un nom.
Exemples :

un garçon **content**   un garçon **triste**

L'adjectif est un mot variable : il peut être au masculin ou au féminin, au singulier ou au pluriel.

Exemples :
content, contente,
contents, contentes.

Dans un groupe du nom, l'adjectif se place généralement **après** le nom. Toutefois, il peut parfois se placer **avant** le nom.
Exemples : un ballon **magnifique**, un **magnifique** ballon.

Les adjectifs de couleur se placent **toujours après** le nom.
Exemple : un ballon **rouge**.

Dans un <u>groupe du verbe</u>, l'adjectif se place après le verbe.
Exemple : Charles-Antoine est **content**.

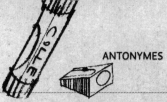

Antonymes

Voir aussi *synonymes*.

DEVOIR MODÈLE

1. Réécris les phrases en remplaçant le mot souligné par un antonyme.

a) C'est la fille la plus <u>gentille</u> que j'aie jamais rencontrée.
   *C'est la fille la plus **méchante** que j'aie jamais rencontrée.*

b) La cafétéria <u>ferme</u> à 8 h.
   *La cafétéria **ouvre** à 8 h.*

c) Cette <u>petite</u> Olga est très <u>intelligente</u>.
   *Cette **grande** Olga est très **stupide**.*

d) William et Omar sont deux <u>ennemis</u>.
   *William et Omar sont deux **amis**.*

EXPLICATIONS

Les antonymes sont des mots qui appartiennent à la même classe de mots (noms, adjectifs, verbes…), et qui ont des sens contraires.

Exemples :

Noms	Adjectifs	Verbes
ami / ennemi	bon / mauvais	accepter / refuser
bonheur / malheur	chaud / froid	acheter / vendre
début / fin	facile / difficile	adorer / détester
départ / arrivée	fort / faible	allumer / éteindre
intérieur / extérieur	dur / mou	commencer / finir
laideur / beauté	jeune / vieux	donner / prendre
joie / tristesse	méchant / gentil	entrer / sortir
jour / nuit	nouveau / ancien	gagner / perdre
ordre / désordre	propre / sale	monter / descendre
patience / impatience	rapide / lent	ouvrir / fermer
vérité / mensonge	riche / pauvre	réussir / échouer

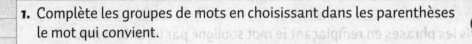

Apostrophe

DEVOIRS MODÈLES

1. Complète les groupes de mots en choisissant dans les parenthèses le mot qui convient.

(le, l') *l'* élève   (la, l') *l'* heure   (le, l') *le* hamster
(la, l') *l'* urgence   (me, m') on *m'* appelle   (si, s') *s'* il te plaît
(se, s') il *s'* approche   (je, j') *je* comprends   (si, s') *si* tu veux

2. Réécris la phrase en mettant les apostrophes qui conviennent.

Ce est clair, il me semble. Je te ai dit cent fois que il ne faut jamais se abriter sous un arbre si il tonne.

C'est clair, il me semble. Je t'ai dit cent fois qu'il ne faut jamais s'abriter sous un arbre s'il tonne.

EXPLICATIONS

L'apostrophe remplace le **a**, le **e** ou le **i** dans **ce**, **de**, **le**, **la**, **je**, **me**, **te**, **se**, **si**, etc. lorsqu'ils précèdent un mot qui commence par une voyelle ou un **h** muet.
Exemples : l'élève (*et non le élève*), j'espère (*et non je espère*).

Cédille

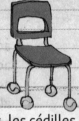

DEVOIR MODÈLE

1. Dans le texte suivant, les cédilles ont disparu. Ajoute-les.

Le garçon qui effaçait les traces de peinture laissées sur la façade de l'école ne recevait jamais de félicitations. Il était déçu. En plus, il n'avait pas appris ses leçons et il avait reçu une balançoire en pleine face en plaçant ses pinceaux dans son seau.

EXPLICATIONS

La cédille est un signe orthographique que l'on place sous la lettre **c** (**ç**) lorsque le **c** est devant un **a**, un **o** ou un **u**. Elle indique que le **c** se prononce comme un **s**.
Exemples : fa**ç**ade, le**ç**on, dé**ç**u.

Classes de mots

Voir aussi *adjectif, déterminant, nom, pronom, verbe.*

DEVOIRS MODÈLES

1. Écris à quelle classe appartiennent les mots de chaque liste.

Bernadette, lunettes, fillette, belette : *noms*
quatre, mon, cette, un : *déterminants*
rouge, joyeux, léger, fier : *adjectifs*
se, nous, elles, qui : *pronoms*
chanter, courir, vouloir, vivre : *verbes*

2. Classe les mots de la phrase suivante dans le tableau.

Notre vieux professeur, qui s'appelait monsieur Castonguay,
avait un gros défaut : il bégayait.

déterminants	noms	adjectifs	pronoms	verbes
Notre	*professeur*	*vieux*	*qui*	*appelait*
un	*monsieur*	*gros*	*s'*	*avait*
	Castonguay		*il*	*bégayait*
	défaut			

EXPLICATIONS

Chaque mot appartient à une classe de mots, c'est-à-dire à une catégorie de mots qui ont des caractéristiques semblables.

Les principales classes de mots sont : les noms, les déterminants, les adjectifs, les pronoms et les verbes.

Exemples : **Bernadette**, **lunettes**, **fillette** et **belette** sont des **noms**.
Quatre, **mon**, **cette** et **un** sont des **déterminants**.
Rouge, **joyeux**, **léger** et **fier** sont des **adjectifs**.
Se, **nous**, **elles** et **qui** sont des **pronoms**.
Chanter, **courir**, **vouloir** et **vivre** sont des **verbes**.

Note

Pour vérifier à quelle classe appartient un mot, on peut consulter un dictionnaire.

Conjugaison

DEVOIRS MODÈLES

1. Écris dans les parenthèses le mode, le temps, la personne et le nombre du verbe souligné.

    a) Qu'est-ce qu'on <u>mange</u>, aujourd'hui ?
    (_indicatif, présent, 3ᵉ pers., sing._)

    b) <u>Passe</u>-moi le sel, s'il te plaît.
    (_impératif, présent, 2ᵉ pers., sing._)

    c) <u>Prendrez</u>-vous de la salade, les enfants ?
    (_indicatif, futur simple, 2ᵉ pers., plur._)

    d) J'ai <u>avalé</u> de travers.
    (_indicatif, passé composé, 1ʳᵉ pers., sing._)

    e) S'il y avait du ketchup, ce <u>serait</u> meilleur.
    (_indicatif, conditionnel présent, 3ᵉ pers., sing._)

    f) Il faut que tu t'<u>assoies</u> à côté de moi.
    (_subjonctif, présent, 2ᵉ pers., sing._)

    g) Si au moins j'<u>avais</u> un couteau mieux aiguisé !
    (_indicatif, imparfait, 1ʳᵉ pers., sing._)

2. Écris les verbes au mode, au temps, à la personne et au nombre demandés.

    a) être, indicatif présent, 3ᵉ pers. du pluriel : _ils sont_
    b) jouer, indicatif futur simple, 1ʳᵉ pers. du pluriel : _nous jouerons_
    c) devenir, indicatif passé composé, 2ᵉ pers. du pluriel : _vous êtes devenus_
    d) perdre, indicatif présent, 1ʳᵉ pers. du singulier : _je perds_
    e) sortir, indicatif imparfait, 3ᵉ pers. du singulier : _il sortait_
    f) rougir, indicatif imparfait, 2ᵉ pers. du singulier : _tu rougissais_
    g) promettre, subjonctif présent, 2ᵉ pers. du pluriel : _(que) vous promettiez_
    h) vouloir, indicatif conditionnel présent, 1ʳᵉ pers. du singulier : _je voudrais_
    i) construire, impératif présent, 1ʳᵉ pers. du pluriel : _construisons_
    j) avoir, participe présent : _ayant_
    k) comprendre, participe passé : _compris_

EXPLICATIONS

La conjugaison est l'ensemble des formes que peut prendre un verbe.

Un verbe se conjugue (change de forme) selon :
- le **mode** : l'indicatif, le subjonctif, l'impératif, l'infinitif, le participe ;
- le **temps** : présent, futur simple, imparfait, passé composé, conditionnel présent ;
- la **personne** : 1re, 2e et 3e personne ;
- le **nombre** : singulier et pluriel.

Les modes	Exemples
L'**indicatif** exprime une action certaine ou souhaitée.	Tu **vas** à la cafétéria.
Le **subjonctif** exprime une possibilité, un doute, un souhait. Il est toujours précédé de **que**.	Il faut que tu **ailles** à la cafétéria.
L'**impératif** exprime un ordre ou un conseil.	**Va** à la cafétéria.
L'**infinitif** sert à nommer le verbe. C'est à ce mode qu'on trouve un verbe dans un dictionnaire.	**Aller**
Le **participe** permet au verbe de jouer le rôle d'un adjectif.	**Affamé**

Remarque

L'infinitif et le participe sont deux modes impersonnels, c'est-à-dire qu'ils ne se conjuguent pas selon la personne.

Quel est
le passé
du futur ?

Le présent

Les temps	Exemples
Le **présent** s'emploie pour parler d'une action qui se déroule maintenant.	Omar **termine** sa soupe.
Le **futur simple** s'emploie pour parler d'une action qui se déroulera plus tard.	Omar **terminera** sa soupe tantôt.
L'**imparfait** s'emploie pour parler d'une action qui s'est déroulée dans le passé et qui durait un certain temps ou qui se répétait.	Omar **terminait** sa soupe.
Le **passé composé** s'emploie pour parler d'une action qui s'est déroulée dans le passé, à un moment précis.	Omar **a terminé** sa soupe.
Le **conditionnel présent** s'emploie pour parler d'une action que l'on souhaite ou qui dépend d'une condition.	Omar **terminerait** sa soupe si tu le laissais tranquille.

Les personnes	Exemples
1re personne : la ou les personnes qui parlent. (je, j', nous)	Je **mange**.
2e personne : la ou les personnes à qui l'on parle. (tu, vous)	Tu **manges**.
3e personne : la personne ou les personnes, l'animal ou les animaux, la chose ou les choses de qui l'on parle. (il, elle, ils, elles)	Il **mange**.

Les nombres	Exemples
Singulier	Je **mange**.
Pluriel	Nous **mangeons**.

Les verbes se conjuguent (changent de forme) selon différents modèles.

Les verbes modèles	Exemples de verbes qui suivent ce modèle
aimer : tous les verbes terminés par **-er**, sauf le verbe **aller**.	avaler, chanter, écouter, jouer, marcher, passer, terminer, trouver
finir : les verbes terminés par **-ir** et dont la 1re personne du pluriel de l'indicatif présent finit par **-issons**.	accomplir, adoucir, agir, agrandir, alourdir, choisir, farcir, grossir, obéir, punir, ralentir, rougir, saisir, vieillir
mettre	admettre, commettre, permettre, promettre, remettre, soumettre, transmettre
cuire	conduire, construire, déduire, détruire, instruire, introduire, nuire, produire, reconduire, réduire, reproduire, traduire
partir	mentir, repartir, ressentir, sentir, sortir
venir	appartenir, contenir, convenir, détenir, devenir, entretenir, intervenir, obtenir, parvenir, prévenir, retenir, revenir, soutenir, tenir
rendre	attendre, défendre, dépendre, descendre, entendre, étendre, fendre, fondre, interrompre, mordre, perdre, pondre, prétendre, répandre, répondre, rompre, tendre, tondre, vendre
prendre	apprendre, comprendre, entreprendre, reprendre, surprendre

LA CONJUGAISON DES VERBES MODÈLES

Indicatif présent

aimer	finir	mettre	cuire
j' aime	je finis	je mets	je cuis
tu aimes	tu finis	tu mets	tu cuis
il, elle aime	il, elle finit	il, elle met	il, elle cuit
nous aimons	nous finissons	nous mettons	nous cuisons
vous aimez	vous finissez	vous mettez	vous cuisez
ils, elles aiment	ils, elles finissent	ils, elles mettent	ils, elles cuisent

partir	venir	rendre	prendre
je pars	je viens	je rends	je prends
tu pars	tu viens	tu rends	tu prends
il, elle part	il, elle vient	il, elle rend	il, elle prend
nous partons	nous venons	nous rendons	nous prenons
vous partez	vous venez	vous rendez	vous prenez
ils, elles partent	ils, elles viennent	ils, elles rendent	ils, elles prennent

Indicatif futur simple

aimer	finir	mettre	cuire
j' aimerai	je finirai	je mettrai	je cuirai
tu aimeras	tu finiras	tu mettras	tu cuiras
il, elle aimera	il, elle finira	il, elle mettra	il, elle cuira
nous aimerons	nous finirons	nous mettrons	nous cuirons
vous aimerez	vous finirez	vous mettrez	vous cuirez
ils, elles aimeront	ils, elles finiront	ils, elles mettront	ils, elles cuiront

partir	venir	rendre	prendre
je partirai	je viendrai	je rendrai	je prendrai
tu partiras	tu viendras	tu rendras	tu prendras
il, elle partira	il, elle viendra	il, elle rendra	il, elle prendra
nous partirons	nous viendrons	nous rendrons	nous prendrons
vous partirez	vous viendrez	vous rendrez	vous prendrez
ils, elles partiront	ils, elles viendront	ils, elles rendront	ils, elles prendront

Indicatif imparfait

aimer	finir	mettre	cuire
j' aimais	je finissais	je mettais	je cuisais
tu aimais	tu finissais	tu mettais	tu cuisais
il, elle aimait	il, elle finissait	il, elle mettait	il, elle cuisait
nous aimions	nous finissions	nous mettions	nous cuisions
vous aimiez	vous finissiez	vous mettiez	vous cuisiez
ils, elles aimaient	ils, elles finissaient	ils, elles mettaient	ils, elles cuisaient

partir	venir	rendre	prendre
je partais	je venais	je rendais	je prenais
tu partais	tu venais	tu rendais	tu prenais
il, elle partait	il, elle venait	il, elle rendait	il, elle prenait
nous partions	nous venions	nous rendions	nous prenions
vous partiez	vous veniez	vous rendiez	vous preniez
ils, elles partaient	ils, elles venaient	ils, elles rendaient	ils, elles prenaient

Indicatif conditionnel présent

aimer	finir	mettre	cuire
j' aimerais	je finirais	je mettrais	je cuirais
tu aimerais	tu finirais	tu mettrais	tu cuirais
il, elle aimerait	il, elle finirait	il, elle mettrait	il, elle cuirait
nous aimerions	nous finirions	nous mettrions	nous cuirions
vous aimeriez	vous finiriez	vous mettriez	vous cuiriez
ils, elles aimeraient	ils, elles finiraient	ils, elles mettraient	ils, elles cuiraient

partir	venir	rendre	prendre
je partirais	je viendrais	je rendrais	je prendrais
tu partirais	tu viendrais	tu rendrais	tu prendrais
il, elle partirait	il, elle viendrait	il, elle rendrait	il, elle prendrait
nous partirions	nous viendrions	nous rendrions	nous prendrions
vous partiriez	vous viendriez	vous rendriez	vous prendriez
ils, elles partiraient	ils, elles viendraient	ils, elles rendraient	ils, elles prendraient

Indicatif passé composé

Le passé composé est formé de l'auxiliaire avoir ou être à l'indicatif présent et du participe passé du verbe.
Exemples : j'ai marché, je suis parti.

Lorsqu'un verbe se conjugue au passé composé avec l'auxiliaire **être**, le participe passé prend le genre et le nombre du sujet. C'est le cas, par exemple, des verbes **aller**, **arriver**, **partir**, **rester**, **tomber**, **venir**.
Exemples : il est allé, elle est allé**e**, ils sont allé**s**.

aimer			**finir**		
j'	ai	aimé	j'	ai	fini
tu	as	aimé	tu	as	fini
il, elle	a	aimé	il, elle	a	fini
nous	avons	aimé	nous	avons	fini
vous	avez	aimé	vous	avez	fini
ils, elles	ont	aimé	ils, elles	ont	fini
mettre			**cuire**		
j'	ai	mis	j'	ai	cuit
tu	as	mis	tu	as	cuit
il, elle	a	mis	il, elle	a	cuit
nous	avons	mis	nous	avons	cuit
vous	avez	mis	vous	avez	cuit
ils, elles	ont	mis	ils, elles	ont	cuit
partir			**venir**		
je	suis	parti(e)	je	suis	venu(e)
tu	es	parti(e)	tu	es	venu(e)
il, elle	est	parti(e)	il, elle	est	venu(e)
nous	sommes	partis (parties)	nous	sommes	venus (venues)
vous	êtes	partis (parties)	vous	êtes	venus (venues)
ils, elles	sont	partis (parties)	ils, elles	sont	venus (venues)
rendre			**prendre**		
j'	ai	rendu	j'	ai	pris
tu	as	rendu	tu	as	pris
il, elle	a	rendu	il, elle	a	pris
nous	avons	rendu	nous	avons	pris
vous	avez	rendu	vous	avez	pris
ils, elles	ont	rendu	ils, elles	ont	pris

Subjonctif présent

aimer

que j'	aime
que tu	aimes
qu'il, elle	aime
que nous	aimions
que vous	aimiez
qu'ils, elles	aiment

finir

que je	finisse
que tu	finisses
qu'il, elle	finisse
que nous	finissions
que vous	finissiez
qu'ils, elles	finissent

mettre

que je	mette
que tu	mettes
qu'il, elle	mette
que nous	mettions
que vous	mettiez
qu'ils, elles	mettent

cuire

que je	cuise
que tu	cuises
qu'il, elle	cuise
que nous	cuisions
que vous	cuisiez
qu'ils, elles	cuisent

partir

que je	parte
que tu	partes
qu'il, elle	parte
que nous	partions
que vous	partiez
qu'ils, elles	partent

venir

que je	vienne
que tu	viennes
qu'il, elle	vienne
que nous	venions
que vous	veniez
qu'ils, elles	viennent

rendre

que je	rende
que tu	rendes
qu'il, elle	rende
que nous	rendions
que vous	rendiez
qu'ils, elles	rendent

prendre

que je	prenne
que tu	prennes
qu'il, elle	prenne
que nous	prenions
que vous	preniez
qu'ils, elles	prennent

Impératif présent

aimer	finir	mettre	cuire
aime	finis	mets	cuis
aimons	finissons	mettons	cuisons
aimez	finissez	mettez	cuisez
partir	**venir**	**rendre**	**prendre**
pars	viens	rends	prends
partons	venons	rendons	prenons
partez	venez	rendez	prenez

Remarque

L'impératif se conjugue sans pronoms (ceux-ci sont sous-entendus) et seulement à la 2e personne du singulier et aux 1re et 2e personnes du pluriel.

Participe présent

aimer	finir	mettre	cuire
aimant	finissant	mettant	cuisant
partir	**venir**	**rendre**	**prendre**
partant	venant	rendant	prenant

Participe passé

aimer	finir	mettre	cuire
aimé	fini	mis	cuit
partir	**venir**	**rendre**	**prendre**
parti	venu	rendu	pris

LA CONJUGAISON DES VERBES SANS MODÈLE

Certains verbes très fréquents ne suivent le modèle d'aucun autre verbe.
Exemples : avoir, être, aller, devoir, pouvoir, savoir, vouloir.

Infinitif	Indicatif présent		Indicatif futur simple		Indicatif imparfait		Indicatif conditionnel présent	
avoir	j'	ai	j'	aurai	j'	avais	j'	aurais
	tu	as	tu	auras	tu	avais	tu	aurais
	il, elle	a	il, elle	aura	il, elle	avait	il, elle	aurait
	nous	avons	nous	aurons	nous	avions	nous	aurions
	vous	avez	vous	aurez	vous	aviez	vous	auriez
	ils, elles	ont	ils, elles	auront	ils, elles	avaient	ils, elles	auraient
être	je	suis	je	serai	j'	étais	je	serais
	tu	es	tu	seras	tu	étais	tu	serais
	il, elle	est	il, elle	sera	il, elle	était	il, elle	serait
	nous	sommes	nous	serons	nous	étions	nous	serions
	vous	êtes	vous	serez	vous	étiez	vous	seriez
	ils, elles	sont	ils, elles	seront	ils, elles	étaient	ils, elles	seraient
aller	je	vais	j'	irai	j'	allais	j'	irais
	tu	vas	tu	iras	tu	allais	tu	irais
	il, elle	va	il, elle	ira	il, elle	allait	il, elle	irait
	nous	allons	nous	irons	nous	allions	nous	irions
	vous	allez	vous	irez	vous	alliez	vous	iriez
	ils, elles	vont	ils, elles	iront	ils, elles	allaient	ils, elles	iraient
devoir	je	dois	je	devrai	je	devais	je	devrais
	tu	dois	tu	devras	tu	devais	tu	devrais
	il, elle	doit	il, elle	devra	il, elle	devait	il, elle	devrait
	nous	devons	nous	devrons	nous	devions	nous	devrions
	vous	devez	vous	devrez	vous	deviez	vous	devriez
	ils, elles	doivent	ils, elles	devront	ils, elles	devaient	ils, elles	devraient

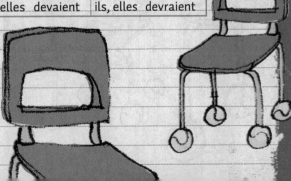

Infinitif	Indicatif présent		Indicatif futur simple		Indicatif imparfait		Indicatif conditionnel présent	
pouvoir	je	peux	je	pourrai	je	pouvais	je	pourrais
	tu	peux	tu	pourras	tu	pouvais	tu	pourrais
	il, elle	peut	il, elle	pourra	il, elle	pouvait	il, elle	pourrait
	nous	pouvons	nous	pourrons	nous	pouvions	nous	pourrions
	vous	pouvez	vous	pourrez	vous	pouviez	vous	pourriez
	ils, elles	peuvent	ils, elles	pourront	ils, elles	pouvaient	ils, elles	pourraient
savoir	je	sais	je	saurai	je	savais	je	saurais
	tu	sais	tu	sauras	tu	savais	tu	saurais
	il, elle	sait	il, elle	saura	il, elle	savait	il, elle	saurait
	nous	savons	nous	saurons	nous	savions	nous	saurions
	vous	savez	vous	saurez	vous	saviez	vous	sauriez
	ils, elles	savent	ils, elles	sauront	ils, elles	savaient	ils, elles	sauraient
vouloir	je	veux	je	voudrai	je	voulais	je	voudrais
	tu	veux	tu	voudras	tu	voulais	tu	voudrais
	il, elle	veut	il, elle	voudra	il, elle	voulait	il, elle	voudrait
	nous	voulons	nous	voudrons	nous	voulions	nous	voudrions
	vous	voulez	vous	voudrez	vous	vouliez	vous	voudriez
	ils, elles	veulent	ils, elles	voudront	ils, elles	voulaient	ils, elles	voudraient

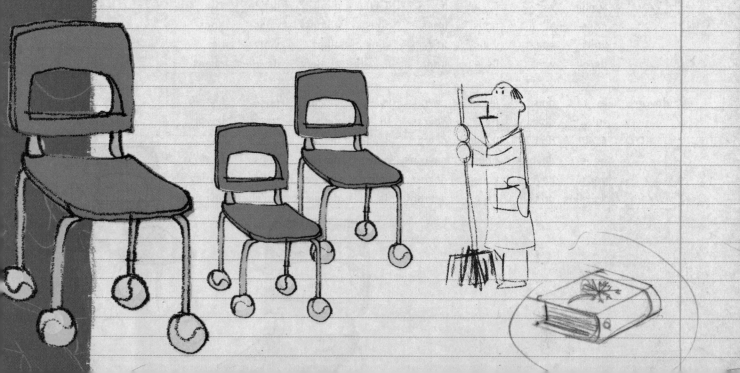

Infinitif	Indicatif passé composé			Subjonctif présent		Impératif présent	Participe	
							présent	passé
avoir	j'	ai	eu	que j'	aie	aie	ayant	eu
	tu	as	eu	que tu	aies	ayons		
	il, elle	a	eu	qu'il, elle	ait	ayez		
	nous	avons	eû	que nous	ayons			
	vous	avez	eu	que vous	ayez			
	ils, elles	ont	eu	qu'ils, elles	aient			
être	j'	ai	été	que je	sois	sois	étant	été
	tu	as	été	que tu	sois	soyons		
	il, elle	a	été	qu'il, elle	soit	soyez		
	nous	avons	été	que nous	soyons			
	vous	avez	été	que vous	soyez			
	ils, elles	ont	été	qu'ils, elles	soient			
aller	je	suis	allé(e)	que j'	aille	va	allant	allé
	tu	es	allé(e)	que tu	ailles	allons		
	il, elle	est	allé(e)	qu'il, elle	aille	allez		
	nous	sommes	allés (ées)	que nous	allions			
	vous	êtes	allés (ées)	que vous	alliez			
	ils, elles	sont	allés (ées)	qu'ils, elles	aillent			
devoir	j'	ai	dû	que je	doive	dois	devant	dû
	tu	as	dû	que tu	doives	devons		
	il, elle	a	dû	qu'il, elle	doive	devez		
	nous	avons	dû	que nous	devions			
	vous	avez	dû	que vous	deviez			
	ils, elles	ont	dû	qu'ils, elles	doivent			

Infinitif	Indicatif passé composé			Subjonctif présent		Impératif présent	Participe	
							présent	passé
pouvoir	j'	ai	pu	que je	puisse	*(n'existe pas)*	pouvant	pu
	tu	as	pu	que tu	puisses			
	il, elle	a	pu	qu'il, elle	puisse			
	nous	avons	pu	que nous	puissions			
	vous	avez	pu	que vous	puissiez			
	ils, elles	ont	pu	qu'ils, elles	puissent			
savoir	j'	ai	su	que je	sache	sache	sachant	su
	tu	as	su	que tu	saches	sachons		
	il, elle	a	su	qu'il, elle	sache	sachez		
	nous	avons	su	que nous	sachions			
	vous	avez	su	que vous	sachiez			
	ils, elles	ont	su	qu'ils, elles	sachent			
vouloir	j'	ai	voulu	que je	veuille	veux (veuille)	voulant	voulu
	tu	as	voulu	que tu	veuilles	voulons		
	il, elle	a	voulu	qu'il, elle	veuille	voulez		
	nous	avons	voulu	que nous	voulions	(veuillez)		
	vous	avez	voulu	que vous	vouliez			
	ils, elles	ont	voulu	qu'ils, elles	veuillent			

Trécarré

*Grâce aux Éditions du Trécarré
tu peux conjuguer sans effort !*

Conjugo'Matic

carte à conjuguer

er *Verbes en* **ir**

| je – j' |
| tu |
| il – elle |
| nous |
| vous |
| ils – elles |

ASSEMBLAGE

① ② ③ ④ ⑤

impératif présent

er	ir
e	is
ons	issons
ez	issez

indicatif futur simple

er	ir
erai	ras
eras	ras
era	ra
erons	rons
erez	rez
eront	ront

indicatif imparfait

er	ir
ais	issais
ais	issais
ait	issait
ions	issions
iez	issiez
aient	issaient

indicatif présent

er	ir
e	is
es	is
e	it
ons	issons
ez	issez
ent	issent

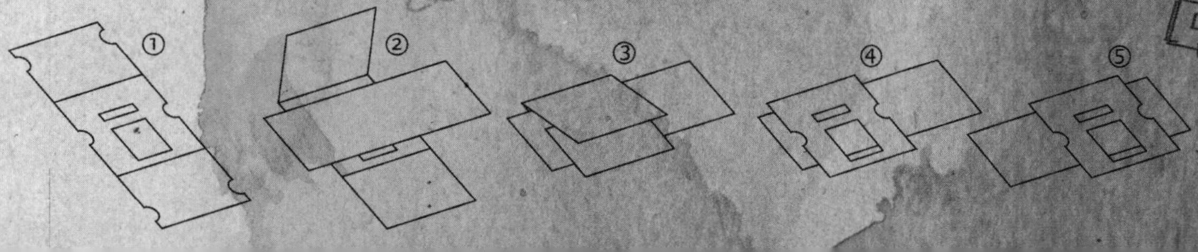

LE PETIT PROF

Un dragon gradé dégrade un gradé dragon.

Déterminant

Voir aussi *accord dans le groupe du nom, classes de mots, groupe du nom.*

DEVOIR MODÈLE

1. Souligne les déterminants du texte suivant, puis classe-les dans le tableau.

Le professeur a vu Amédée regarder sur <u>ma</u> feuille. Il a levé <u>les</u> yeux <u>au</u> plafond, puis il s'est dirigé vers <u>son</u> bureau en marmonnant <u>quelques</u> mots incompréhensibles. Ensuite, il a tourné <u>la</u> tête et, faisant <u>une</u> horrible grimace, il a crié <u>trois</u> fois à <u>ce</u> pauvre Amédée qu'il lui apporte <u>sa</u> copie.

Déterminants définis	*le, les, au, la*
Déterminants indéfinis	*une, quelques*
Déterminant démonstratif	*ce*
Déterminants possessifs	*ma, son, sa*
Déterminant numéral	*trois*

EXPLICATIONS

Un déterminant est un mot qui accompagne un nom.
Il fait partie du groupe du nom. Il se place avant le nom
et peut en être séparé par un adjectif.
Exemples : **un** professeur, **un** vieux professeur.

Le déterminant reçoit son genre et son nombre
du nom qu'il accompagne. Il peut être
masculin ou féminin, singulier ou pluriel.
Exemples : **un** garçon, **une** fille,
des enfants.

Les principaux déterminants	Singulier		Pluriel
	Masculin	Féminin	Masculin et féminin
Déterminants définis Ils accompagnent un nom de personne, d'animal ou de chose que l'on connaît. *Exemple* : **Le** professeur s'est fâché.	le (l'), au, du	la (l')	les, aux
Déterminants indéfinis Ils accompagnent un nom de personne, d'animal ou de chose que l'on ne connaît pas. *Exemple* : **Un** professeur s'est fâché.	un, aucun, chaque, tout	une, aucune, chaque, toute	des, quelques, plusieurs, tous, toutes
Déterminants démonstratifs Ils accompagnent un nom de personne, d'animal, de chose que l'on montre ou dont on a parlé précédemment. *Exemple* : **Ce** professeur s'est fâché.	ce, cet	cette	ces
Déterminants possessifs Ils accompagnent un nom en indiquant une possession. *Exemple* : **Son** professeur s'est fâché.	mon, ton, son, notre, votre, leur	ma, ta, sa, notre, votre, leur	mes, tes, ses, nos, vos, leurs
Déterminants numéraux Ils accompagnent un nom en indiquant une quantité précise. *Exemple* : **Trois** professeurs se sont fâchés.	un (1)	une (1)	deux, trois, quatre, cinq…

Féminin

Voir aussi *accord dans le groupe du nom, genre.*

DEVOIR MODÈLE

1. Écris les noms et les adjectifs au féminin.

Un étudiant habile
Une *étudiante habile*

Un espion champion
Une *espionne championne*

Un cousin roux
Une *cousine rousse*

Un éternel rêveur
Une *éternelle rêveuse*

Un partisan chanceux
Une *partisane chanceuse*

Un meilleur professeur
Une *meilleure professeure*

Un sportif naïf
Une *sportive naïve*

Un directeur cruel
Une *directrice cruelle*

Un cuisinier étranger
Une *cuisinière étrangère*

Un chanteur discret
Une *chanteuse discrète*

Un messager fier
Une *messagère fière*

Un neveu triste
Une *nièce triste*

Un vieux chien
Une *vieille chienne*

Un avocat étourdi
Une *avocate étourdie*

EXPLICATIONS

Les noms qui désignent des femmes, des filles ou des animaux femelles sont le plus souvent féminins.

Exemples : une **sœur**, une **mère**, une **tante**, une **brebis**, une **vache**, une **dinde**.

Les principaux déterminants féminins singuliers sont : la, une, ma, ta, sa, notre, votre, leur, cette, aucune, chaque, toute.

Les principaux pronoms féminins sont : elle(s), la, laquelle, lesquelles, celle(s), la mienne, les miennes, la tienne, les tiennes, la sienne, les siennes.

La plupart du temps, pour mettre un nom ou un adjectif au féminin, on ajoute un **e**.
Exemple : un voisin impatient, une voisin**e** impatient**e**.

Certains noms et adjectifs ont une terminaison particulière au féminin.

Masculin	Féminin	*Exemples*	Exceptions
-e	*Ne change pas.*	artist**e**, larg**e**, fragil**e**	princ**e** / princ**esse**
			tig**re** / tig**resse**
-x	-se	jalou**x** / jalou**se**	dou**x** / dou**ce**
		àmoureu**x** / amoureu**se**	vieu**x** / vie**ille**
		chanceu**x** / chanceu**se**	fau**x** / fau**sse**
			rou**x** / rou**sse**
-f	-ve	crainti**f** / crainti**ve**	
		naï**f** / naï**ve**	
		sporti**f** / sporti**ve**	
-er	-ère	fermi**er** / fermi**ère**	
		boulang**er** / boulang**ère**	
		lég**er** / lég**ère**	
-on	-onne	b**on** / b**onne**	
-en	-enne	chi**en** / chi**enne**	
-el	-elle	étern**el** / étern**elle**	
-eur	- eure	meill**eur** / meill**eure**	
	ou -euse	rêv**eur** / rêv**euse**	
		dans**eur** / dans**euse**	
-teur	-trice ou -teuse	àc**teur** / ac**trice**	
		créa**teur** / créa**trice**	
		ri**eur** / ri**euse**	
		chan**teur** / chan**teuse**	
-et	-ette	coqu**et** / coqu**ette**	compl**et** / compl**ète**
		mu**et** / mu**ette**	incompl**et** / incompl**ète**
		viol**et** / viol**ette**	concr**et** / concr**ète**
			discr**et** / discr**ète**
			indiscr**et** / indiscr**ète**
			inqui**et** / inqui**ète**
			secr**et** / secr**ète**

Les adjectifs **bas**, **gros**, **gras** et **épais** prennent deux **s** au féminin :
ba**ss**e, gro**ss**e, gra**ss**e, épai**ss**e.

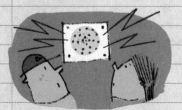

Attention !

Certains noms et adjectifs sont très différents au
masculin et au féminin.
Exemples : cheval / jument   garçon / fille
             homme / femme   nièce / neveu
             beau / belle   blanc / blanche
             fou / folle   frais / fraîche

Forme positive et forme négative

Voir aussi *types de phrases*.

DEVOIRS MODÈLES

1. Coche la bonne réponse.

	Forme positive	Forme négative
Amédée fait des bêtises.	X	
Je n'ai rien fait.		X
Arrête de dire des niaiseries.	X	
Ne copie pas sur ton voisin.		X
Personne ne comprenait ses explications.		X
Amédée refuse d'écouter.	X	

le prof

2. Mets les phrases suivantes à la forme positive.

a) Je ne veux rien savoir.   *Je veux tout savoir.*

b) Octave n'a pas compris.   *Octave a compris.*

c) Adèle n'est-elle pas ton amie ?   *Adèle est-elle ton amie ?*

3. Mets les phrases suivantes à la forme négative en utilisant les mots de négation entre parenthèses.

a) (ne… plus) Ursule veut encore apprivoiser une moufette.
   *Ursule **ne** veut **plus** apprivoiser une moufette.*

b) (n'… jamais) Elle a toujours aimé les petites bêtes.
   *Elle **n'a jamais** aimé les petites bêtes.*

c) (personne ne) Que tout le monde sorte de cette pièce !
   *Que **personne ne** sorte de cette pièce !*

EXPLICATIONS

Une phrase à la **forme positive** exprime une affirmation ou un ordre.

Exemples : Amédée fait des bêtises. (*Une affirmation*)

Arrête de dire des niaiseries. (*Un ordre*)

Une phrase à la **forme négative** exprime une négation ou une interdiction à l'aide de mots de négation.

Exemples : Je n'ai rien fait. (*Une négation*)

Ne copie pas sur ton voisin. (*Une interdiction*)

Pour construire une phrase à la forme négative, on emploie toujours **ne** ou **n'** accompagné d'un autre mot de négation : **pas**, **jamais**, **personne**, **rien**, **plus**, **aucun**.

Lorsque le verbe est à un **temps simple**, on encadre le verbe par les mots de négation.	Lorsque le verbe est à un **temps composé**, on encadre l'auxiliaire par les mots de négation.	Lorsque le verbe est à l'**infinitif**, les mots de négation se placent avant le verbe.
Exemple :	*Exemple :*	*Exemple :*
Octave **ne** comprend **pas**.	Octave **n'**a **pas** compris.	**Ne pas** copier sur son voisin.

Tous les types de phrases peuvent être à la forme positive ou à la forme négative.

Exemples :

Forme positive	Forme négative
Tu es mon meilleur ami. (*déclarative*)	Tu n'es pas mon meilleur ami. (*déclarative*)
Es-tu mon meilleur ami ? (*interrogative*)	N'es-tu pas mon meilleur ami ? (*interrogative*)
Tu es le meilleur ! (*exclamative*)	Tu n'es pas le meilleur ! (*exclamative*)
Viens avec moi. (*impérative*)	Ne viens pas avec moi. (*impérative*)

Genre

Voir aussi accord dans le groupe du nom, féminin, masculin.

DEVOIR MODÈLE

1. Entoure les noms masculins en bleu et les noms féminins en rouge.

autobus	agrafe	ambulance	armoire
ascenseur	escalier	incendie	autoroute
fourmi	ourse	aéroport	orage

EXPLICATIONS

En français, il existe deux genres : le masculin et le féminin.
Les noms, les déterminants, les adjectifs et les pronoms peuvent être masculins ou féminins.
Exemples :

	Genre	
	Masculin	Féminin
Noms	chien, cousin, ciel, artiste	chienne, cousine, étoile, artiste
Déterminants	un, le, trois	une, la, trois
Adjectifs	beau, froid, énorme	belle, froide, énorme
Pronoms	il, ils, celui	elle, elles, celle

Remarque

Les noms qui désignent des garçons ou des animaux mâles sont le plus souvent masculins. Les noms qui désignent des filles ou des animaux femelles sont le plus souvent féminins. Les autres noms (ceux qui désignent des choses, des sentiments ou des idées) sont soit masculins soit féminins.
Exemples : un patin, une balle.

Attention au genre des noms suivants !

Masculin		Féminin	
un air	un escalier	une agrafe	une équerre
un ascenseur	un exemple	une ambulance	une hélice
un asphalte	un habit	une ancre	une horloge
un autobus	un hôpital	une apostrophe	une moustiquaire
un avion	un incendie	une armoire	une oasis
un cerne	un orage	une autoroute	une orbite
un éclair	un oreiller	une épice	une ouïe

Groupe du nom (GN)

Voir aussi *accord dans le groupe du nom, nom.*

DEVOIR MODÈLE

1. Dans les phrases suivantes, entoure en bleu les groupes du nom et souligne en rouge leur noyau.

a) « En avril, c'est mon anniversaire ! » dit la brigadière.

b) Louis et sa mère ont préparé un énorme gâteau.

c) Ma chère Julie, c'est à votre tour de vous laisser parler d'amour.

d) Julie était si contente qu'elle a versé une larme.

EXPLICATIONS

Un groupe du nom (GN) est un nom ou un groupe de mots dont le mot principal – le noyau – est un nom.

Le groupe du nom peut être :

un nom seul.	un nom accompagné d'un déterminant.	un nom accompagné d'un déterminant et d'un adjectif.
Exemple : Louis	*Exemple :* sa mère	*Exemple :* un énorme gâteau

Groupe du verbe (GV)

Voir aussi *accord du verbe, verbe.*

DEVOIR MODÈLE

1. Entoure en bleu le groupe du verbe des phrases suivantes et souligne en rouge son noyau.

a) Aujourd'hui, le concierge de l'école (chante.)

b) Ce matin, il (sort les poubelles.)

c) Le concierge (semble heureux.)

d) Le concierge et sa femme (aiment les voyages.)

e) L'année dernière, ils (ont traversé le désert.)

f) L'année prochaine, toute la famille (ira à Prague.)

g) Cette année, leur fils Serge (ne les a pas accompagnés.)

EXPLICATIONS

Le groupe du verbe, comme le groupe sujet, est un élément obligatoire dans une phrase de base. Il indique ce que l'on dit à propos du groupe sujet dans la phrase.
Le mot principal – le noyau – d'un **groupe du verbe** est un verbe conjugué.
(À l'infinitif et au participe, le verbe n'est pas conjugué.)
Exemple : Le concierge **chante**.

     Que dit-on à propos du groupe sujet (le concierge) ? On dit qu'il **chante**.

Le groupe du verbe peut être :

un verbe seul.	un verbe accompagné d'un groupe du nom.	un verbe accompagné d'un adjectif.
Exemple : Le concierge (chante.)	*Exemple :* Il (sort les poubelles.)	*Exemple :* Il (semble heureux)

Dans une phrase à la forme négative, les mots de négation font partie du groupe du verbe.

Exemple : Leur fils Serge ne les a pas accompagnés.

Attention !

Certains verbes, comme **aller**, **avoir**, **être**, **faire**, **devenir**, **offrir**, ne peuvent pas être employés seuls.

Exemple : La famille va à Prague.

On ne peut pas dire ***La famille va***.

Groupe sujet (GS)

Voir aussi *accord du verbe, groupe du nom, groupe du verbe, pronom.*

DEVOIRS MODÈLES

1. Entoure le groupe sujet de chaque phrase.

a) (Monsieur Castonguay) est absent cette semaine.

b) (Il) sera remplacé par Matthieu Morel.

c) (Lancelot et Amédée) vont lui en faire voir de toutes les couleurs.

d) (Le remplaçant) les a à l'œil.

e) (Toute la classe) retient son souffle.

2. Réécris chaque phrase en encadrant le groupe sujet par l'expression
c'est…qui (ou **ce sont… qui**).

a) Amédée a posé une punaise sur la chaise de Charles-Antoine.
   ***C'est** Amédée **qui** a posé une punaise sur la chaise de Charles-Antoine.*

b) Lancelot a caché toutes les craies du tableau.
   ***C'est** Lancelot **qui** a caché toutes les craies du tableau.*

c) Elles étaient dans la poubelle.
   ***Ce sont** elles **qui** étaient dans la poubelle.*

d) Nous avons été privés de récréation.
   ***C'est** nous **qui** avons été privés de récréation.*

e) Lulu et Louis ont négocié une entente avec monsieur Morel.
   ***Ce sont** Lulu et Louis **qui** ont négocié une entente avec monsieur Morel.*

f) L'après-midi a été très pénible.
   ***C'est** l'après-midi **qui** a été très pénible.*

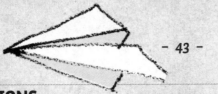

EXPLICATIONS

Le groupe sujet, comme le groupe du verbe, est un élément obligatoire dans une phrase de base. Il indique **de qui** ou **de quoi** l'on parle.

Exemple : Monsieur Castonguay est absent.

*De qui parle-t-on dans cette phrase ? On parle de **monsieur Castonguay**.*

Le groupe sujet peut être :

un groupe du nom.	plusieurs groupes du nom.	un pronom.
Exemple :	*Exemple :*	*Exemple :*
Monsieur Castonguay	**Lancelot et Amédée**	**Il** sera remplacé
est absent cette semaine.	vont lui en faire voir de toutes les couleurs.	par Matthieu Morel.

Pour trouver le **groupe sujet**, on pose avant le verbe conjugué la question **Qui est-ce qui ?** ou **Qu'est-ce qui ?**

Le groupe sujet peut être encadré par **c'est**… **qui** ou **ce sont**… **qui**.

Exemples : Monsieur Castonguay est absent.

Qui est-ce qui *est absent ?* **C'est** *monsieur Castonguay* **qui** *est absent.*

Lancelot et Amédée vont lui en faire voir de toutes les couleurs.

Qui est-ce qui *va lui en faire voir de toutes les couleurs ?*

Ce sont *Lancelot et Amédée* **qui** *vont lui en faire voir de toutes les couleurs.*

Remarque

Le **groupe sujet** est généralement placé avant le verbe, mais il peut être placé après, par exemple, dans une phrase interrogative.

Exemple : Chahutes-**tu** beaucoup en classe ?

Le **groupe sujet** est sous-entendu dans une phrase impérative.

Exemple : Apporte-moi cette punaise.

Le groupe sujet sous-entendu est **tu**.

Homophones : a, à

DEVOIR MODÈLE

1. Complète les phrases par **a** ou **à**.

a) La cuisinière _a_ un tablier _à_ carreaux.
b) Elle _a_ appris _à_ faire la cuisine _à_ Rimouski.
c) Omar _a_ promis de l'aider _à_ ranger les chaises de la cafétéria.

EXPLICATIONS

Les homophones sont des mots qui se prononcent de la même façon, mais dont le sens est différent et qui appartiennent à une classe de mots différente.

a (sans accent) est le verbe **avoir**. On écrit **a** quand on peut le remplacer par **avait**.

à (avec un accent) est un petit mot invariable. On écrit **à** quand on ne peut pas le remplacer par **avait**.

Exemple : La cuisinière **a** un tablier **à** carreaux.
*La cuisinière **avait** un tablier **à** carreaux.*

Homophones : ce, se

DEVOIR MODÈLE

1. Complète les phrases par **ce** ou **se**.

    a) *Ce* n'est pas lui qui *se* fera punir pour *ce* dégât.
    b) Il *se* débrouille toujours pour passer inaperçu !
    c) *Ce* serait magnifique de *se* retrouver dans la même équipe !

EXPLICATIONS

Les homophones sont des mots qui se prononcent de la même façon, mais dont le sens est différent et qui appartiennent à une classe de mots différente.

ce est un déterminant démonstratif. Il accompagne un nom. On écrit **ce** quand on peut le remplacer par un autre déterminant.

ce est également un pronom démonstratif. On écrit **ce** quand on peut le remplacer par **cela**. On le retrouve dans les expressions **ce qui**, **ce que**, **ce dont**.

Exemple : **Ce** n'est pas lui qui se fera punir pour **ce** dégât.
        ***Cela** n'est pas lui qui se fera punir pour **le** dégât.*

se est un pronom personnel de la 3e personne du singulier, il accompagne toujours un verbe. On écrit **se** quand on peut le remplacer par **me**.

Exemple : Ce n'est pas lui qui **se** fera punir pour ce dégât.
        *Ce n'est pas lui qui **me** fera punir pour ce dégât.*

Homophones : ces, ses, c'est, s'est

DEVOIR MODÈLE

1. Complète les phrases par **ces**, **ses**, **c'est** ou **s'est**.

a) _C'est_ une mauvaise idée de rire comme ça.
b) Qui est responsable de _ces_ bêtises ?
c) Octave _s'est_ aperçu trop tard qu'il avait mis _ses_ chaussettes à l'envers.
d) _C'est_ un garçon étrange, _ses_ yeux sont minuscules et _ses_ pieds immenses.

EXPLICATIONS

Les homophones sont des mots qui se prononcent de la même façon, mais dont le sens est différent et qui appartiennent à une classe de mots différente.

ces est un déterminant démonstratif, il accompagne toujours un nom.
On écrit **ces** quand, devant un nom au singulier, il devient **ce**, **cet** ou **cette**.
Exemple : Qui est responsable de **ces** bêtises ?
*Qui est responsable de **cette** bêtise ?*

ses est un déterminant possessif, il accompagne toujours un nom.
On écrit **ses** quand, devant un nom au singulier, il devient **son** ou **sa**.
Exemple : Octave a mis **ses** chaussettes à l'envers.
*Octave a mis **sa** chaussette à l'envers.*

c'est est formé à partir du pronom démonstratif **c'** et du verbe **être** à la 3e personne du singulier de l'indicatif présent. On écrit **c'est** quand on peut le remplacer par **cela est**.
Exemple : **C'est** une mauvaise idée de rire comme ça.
***Cela est** une mauvaise idée de rire comme ça.*

s'est est formé à partir du pronom personnel **s'** et du verbe **être** à la 3e personne du singulier de l'indicatif présent. Il est toujours suivi du participe passé d'un verbe. On écrit **s'est** quand on peut mettre le verbe à la 1re personne du singulier.
Exemple : Octave **s'est** aperçu qu'il avait mis ses chaussettes à l'envers.
***Je me suis** aperçu qu'il avait mis ses chaussettes à l'envers.*

Homophones : la, l'a, là

DEVOIR MODÈLE

1. Complète les phrases par **la**, **l'a** ou **là**.

a) *La* balle est tombée à deux cents mètres de *là*.
b) Gonzales *la* cherche partout.
c) Le concierge *l'a* vue, mais il a oublié où.

EXPLICATIONS

Les homophones sont des mots qui se prononcent de la même façon, mais dont le sens est différent et qui appartiennent à une classe de mots différente.

la est un déterminant défini. Il accompagne un nom. On écrit **la** quand on peut le remplacer par un autre déterminant.
Exemple : **La** balle est tombée.
*   **Une** balle est tombée.*

la est également un pronom personnel. Il est placé avant un verbe. On écrit **la** quand on peut le remplacer par le mot qu'il désigne.
Exemple : La balle est tombée. Gonzales **la** cherche.
*   Gonzales cherche **la balle**.*

l'a est formé à partir du pronom personnel **l'** et du verbe **avoir** à la 3ᵉ personne du singulier de l'indicatif présent. On écrit **l'a** quand on peut le remplacer par **l'avait**.
Exemple : Le concierge **l'a** vue.
*   Le concierge **l'avait** vue.*

là est un mot qui désigne un lieu. On écrit **là** quand on peut le remplacer par **ici**.
Exemple : La balle est tombée à deux cents mètres de **là**.
*   La balle est tombée à deux cents mètres d'**ici**.*

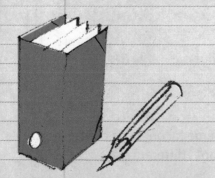

Homophones : ma, m'a

DEVOIR MODÈLE

1. Complète les phrases par **ma** ou **m'a**.

a) Les fenêtres de _ma_ classe donnent sur une ruelle très sale.
b) _Ma_ place est juste à côté de la fenêtre.
c) Ce matin, l'odeur des poubelles _m'a_ donné mal au cœur.
d) Le prof _m'a_ dit d'aller voir l'infirmière.
e) Elle ne _m'a_ pas crue et _m'a_ dit de retourner en classe.

EXPLICATIONS

Les homophones sont des mots qui se prononcent de la même façon, mais dont le sens est différent et qui appartiennent à une classe de mots différente.

ma est un déterminant possessif. Il accompagne toujours un nom. On écrit **ma** quand on peut le remplacer par **sa**.
Exemple : Les fenêtres de **ma** classe donnent sur une ruelle très sale.
   *Les fenêtres de **sa** classe donnent sur une ruelle très sale.*

m'a est formé à partir du pronom personnel **m'** et du verbe **avoir** à la 3ᵉ personne du singulier de l'indicatif présent. On écrit **m'a** quand on peut le remplacer par **m'avait**.
Exemple : L'odeur des poubelles **m'a** donné mal au cœur.
   *L'odeur des poubelles **m'avait** donné mal au cœur.*

Homophones : mes, mais

DEVOIR MODÈLE

1. Complète les phrases par **mes** ou **mais**.

a) J'ai perdu _mes_ gants.
b) J'ai froid, _mais_ je m'en fiche.
c) Je te prête _mes_ mitaines, _mais_ ne mange pas le bout.

EXPLICATIONS

Les homophones sont des mots qui se prononcent de la même façon, mais dont le sens est différent et qui appartiennent à une classe de mots différente.

mes est un déterminant possessif. Il accompagne toujours un nom. On écrit **mes** quand on peut le remplacer par **ses**.

Exemple : J'ai perdu **mes** gants.

  *J'ai perdu **ses** gants.*

mais est un marqueur de relation qui indique l'opposition. On écrit **mais** quand on peut le remplacer par **pourtant** ou **cependant**.

Exemple : J'ai froid, **mais** je m'en fiche.

  *J'ai froid, **pourtant** je m'en fiche.*

Homophones : on, ont

DEVOIR MODÈLE

1. Complète les phrases par **on** ou **ont**.

  a) Quand __on__ leur parle, ils ne comprennent rien !
  b) Quand __on__ n'a pas soif, __on__ n'a pas besoin de boire comme un chameau !
  c) Lancelot et Amédée nous __ont__ éclaboussés.

EXPLICATIONS

Les homophones sont des mots qui se prononcent de la même façon, mais dont le sens est différent et qui appartiennent à une classe de mots différente.

on est un pronom de la 3ᵉ personne du singulier. On écrit **on** quand on peut le remplacer par **il**.

Exemple : Quand **on** leur parle, ils ne comprennent rien !

  *Quand **il** leur parle, ils ne comprennent rien !*

ont est le verbe **avoir**. On écrit **ont** quand on peut le remplacer par **avaient**.

Exemple : Lancelot et Amédée nous **ont** éclaboussés.

  *Lancelot et Amédée nous **avaient** éclaboussés.*

Homophones : ou, où

DEVOIR MODÈLE

1. Complète les phrases par **ou** ou **où**.

a) *Où* allez-vous ?
b) Dites-moi *où* vous courez *ou* je ne vous parle plus jamais.
c) Laissez-moi jouer avec vous *ou* je le dis au directeur.

EXPLICATIONS

Les homophones sont des mots qui se prononcent de la même façon, mais dont le sens est différent et qui appartiennent à une classe de mots différente.

ou (sans accent) indique **un choix**. On écrit **ou** quand on peut le remplacer par **ou bien**.

où (avec un accent) indique un lieu. On écrit **où** quand on ne peut pas le remplacer par **ou bien**.

Exemple : Dites-moi **où** vous courez **ou** je ne vous parlé plus jamais.
*Dites-moi **où** vous courez **ou bien** je ne vous parle plus jamais.*

Homophones : son, sont

DEVOIR MODÈLE

1. Complète les phrases par **son** ou **sont**.

a) *Son* père et *son* grand-père *sont* charmeurs de serpents.
b) *Son* oncle et *son* cousin *sont* éleveurs de chameaux.
c) Ce ne *sont* pas des choses à crier sur les toits !

EXPLICATIONS

Les homophones sont des mots qui se prononcent de la même façon, mais dont le sens est différent et qui appartiennent à une classe de mots différente.

son est un déterminant possessif, il accompagne toujours un nom. On écrit **son** quand on peut le remplacer par **mon**.

Exemple : **Son** père et **son** grand-père sont charmeurs de serpents.
        Mon *père et* ***mon*** *grand-père sont charmeurs de serpents.*

sont est le verbe être. On écrit **sont** quand on peut le remplacer par **étaient**.

Exemple : Son père et son grand-père **sont** charmeurs de serpents.
        Son père et son grand-père ***étaient*** *charmeurs de serpents.*

m devant m, p, b

DEVOIR MODÈLE

1. Complète les mots par la lettre **n** ou **m**.

la _m_pe	cha _n_ son	tro _m_ bone
ta _m_ bouriner	pri _n_ cipal	ra _m_ per
co _m_ position	i _n_ vitation	i _m_ bécile
me _n_ songe	bo _n_ bonnière	dima _n_ che

EXPLICATIONS

Devant les lettres **m**, **p** et **b**, il faut écrire **m** plutôt que **n**.

Exemples : e**mm**ener, une la**mp**e, i**mb**écile

Attention

Le mot **bonbon**
garde son **n** devant le **b**.

Marqueur de relation

DEVOIR MODÈLE

1. Souligne les marqueurs de relation et classe-les dans le tableau.

<u>Quand</u> je suis arrivée à l'école, Ségolène <u>et</u> Salomée se sont moquées de mes cheveux <u>parce qu'</u>ils étaient tout ébouriffés. <u>Ensuite</u>, j'ai voulu réviser le devoir de math, <u>mais</u> j'avais oublié mon cahier à la maison. À la cafétéria, il y avait le menu que je déteste le plus : saucisses <u>ou</u> fèves au lard. <u>Finalement</u>, l'autobus est passé <u>devant</u> moi sans s'arrêter.

Addition	Cause	Choix	Espace	Opposition	Temps
et	*parce qu'*	*ou*	*devant*	*mais*	*quand* *ensuite* *finalement*

EXPLICATIONS

Les marqueurs de relation sont des mots qui permettent de faire des liens entre des mots, entre des phrases ou entre des paragraphes.

Marqueurs de relation	Types de liens	*Exemples*
et, de plus	addition	Ségolène **et** Salomée se sont moquées de mes cheveux.
à cause de, car, parce que, puisque	cause	Elles se sont moquées de mes cheveux **parce qu'**ils étaient ébouriffés.
ou, ou bien	choix	Nous mangerons des saucisses **ou** des fèves au lard.
à droite, au-dessus, devant	espace	L'autobus est passé **devant** moi.
cependant, mais, pourtant	opposition	J'ai voulu réviser le devoir de math, **mais** j'avais oublié mon cahier.
ensuite, finalement, hier, lorsque, puis, quand	temps	**Ensuite**, j'ai voulu réviser le devoir de math.

Masculin

Voir aussi accord dans le groupe du nom, genre.

DEVOIRS MODÈLES

1. Entoure les noms masculins.

(exemple)	(asphalte)	horloge	(escalier)	équerre
(éclair)	(habit)	échelle	(musée)	(aigle)

2. Écris le masculin des noms suivants quand c'est possible.

une jument : un *cheval*   une ourse : un *ours*

une mouche : un _____   une poule : un *coq*

une baleine : un _____   une vache : un *bœuf*

EXPLICATIONS

Les noms qui désignent des hommes, des garçons ou des animaux mâles sont le plus souvent masculins.

Exemples : un **frère**, un **chien**.

Les principaux déterminants masculins singuliers sont : le, un, mon, ton, son, notre, votre, leur, ce, cet, aucun, chaque, tout.

Les principaux pronoms masculins sont : il(s), le, lequel, lesquels, celui, ceux, le mien, les miens, le tien, les tiens, le sien, les siens.

Nom

Voir aussi accord dans le groupe du nom, classes de mots, groupe du nom.

DEVOIRS MODÈLES

1. Classe les noms suivants dans le tableau.

tableau, livre, moustique, Ursule, professeur, joie, pigeon, ennui

Personnes	Animaux	Choses	Sentiments
Ursule	*moustique*	*tableau*	*ennui*
professeur	*pigeon*	*livre*	*joie*

2. Dans le texte suivant, entoure les noms communs en rouge et les noms propres en bleu.

Notre professeur, monsieur Castonguay, ramasse les pissenlits en rentrant chez lui. Il les mange en salade.

EXPLICATIONS

Le nom est un mot qui désigne une personne, un animal, une chose, un sentiment.
Exemples : Le nom **professeur** désigne une personne.
Le nom **moustique** désigne un animal.
Le nom **tableau** désigne une chose.
Le nom **ennui** désigne un sentiment.

Truc

Pour savoir si un mot est un nom, tu peux essayer de mettre un déterminant devant.
Exemple : professeur / un professeur.

Il existe deux sortes de noms : les noms **communs** et les noms **propres**.
Les noms **communs** désignent une personne, un animal ou une chose **en général**.
Exemples : enfant, chien, montagne.

Les noms **propres** désignent une personne, un animal ou un lieu **en particulier**
(uniques). Les noms **propres** s'écrivent toujours avec une majuscule.
Exemples : Gonzales, Hélas (le chien de Lulu), Québec.

Nombre

Voir aussi *accord dans le groupe du nom, singulier, pluriel.*

DEVOIR MODÈLE

1. Dans les parenthèses, écris **S** si le mot souligné est au singulier, écris **P** si le mot est au pluriel.

Notre (S) première sortie scolaire est prévue (S) pour vendredi prochain. Nous (P) irons (P) explorer les grottes (P) de la falaise (S) . J'espère (S) que pas une chauve-souris (S) ne viendra se prendre dans mes (P) cheveux et que personne (S) ne se moquera de moi et de mes drôles d'espadrilles (P) .

EXPLICATIONS

En français, il existe deux nombres : le **singulier** et le **pluriel**.

Pour parler d'une seule personne, d'un seul animal ou d'une seule chose, on emploie le singulier.
Exemple : un élève.

Pour parler de plusieurs personnes, de plusieurs animaux ou de plusieurs choses, on emploie le pluriel.
Exemple : des élèves.

Les noms, les déterminants, les adjectifs, les pronoms et les verbes peuvent être au singulier ou au pluriel.
Exemples :

| | Nombre ||
	Singulier	Pluriel
Noms	sortie, vendredi, falaise	sorties, vendredis, falaises
Déterminants	notre, la, une	nos, les, des
Adjectifs	première, scolaire, prochain	premières, scolaires, prochains
Pronoms	je, il	nous, ils
Verbes	(elle) est	(nous) sommes

Pluriel

Voir aussi *accord dans le groupe du nom, nombre.*

DEVOIR MODÈLE

1. Écris les groupes du nom suivants au pluriel.

Un chat étourdi	Un beau feu	Un ours gris
Des chats étourdis	*Des beaux feux*	*Des ours gris*
Un animal loyal	Un jumeau frileux	Un gros hibou
Des animaux loyaux	*Des jumeaux frileux*	*Des gros hiboux*
Un cousin matinal	Un landau bleu	Un bijou doré
Des cousins matinaux	*Des landaus bleus*	*Des bijoux dorés*
Un cheval jaloux	Un pneu normal	Un travail difficile
Des chevaux jaloux	*Des pneus normaux*	*Des travaux difficiles*
Un neveu courageux	Une souris matinale	Un monsieur roux
Des neveux courageux	*Des souris matinales*	*Des messieurs roux*

EXPLICATIONS

Pour parler de plusieurs personnes, de plusieurs animaux
ou de plusieurs choses, on emploie le pluriel.
Exemple : des chats.

Les principaux déterminants pluriels sont : les, des, mes, tes, ses, nos, vos, leurs,
ces, quelques.

Les principaux pronoms pluriels sont : ils, elles, les, lesquels, lesquelles, ceux,
celles, les miens, les miennes, les tiens, les tiennes, les siens, les siennes.

Le plus souvent, pour mettre un nom ou un adjectif au pluriel, on ajoute un **s**.
Exemple : un chat, des chat**s**.

Certains noms et adjectifs ont une terminaison particulière au pluriel.

Singulier	Pluriel	*Exemples*	Exceptions
-al	-aux	un anim**al**, des anim**aux**	bal, carnaval, cérémonial, chacal, festival, récital, régal, banal, fatal, natal, naval
-au -eu	-x	un joy**au**, des joyau**x** un li**eu**, des lieu**x**	landau, sarrau bleu, pneu
-eau	-x	un jum**eau**, des jumeau**x** b**eau**, beau**x**	
-s -x -z	*Ne change pas.*	une souri**s**, des souri**s** une noi**x**, des noi**x** un ne**z**, des ne**z**	

Attention !

Sept noms terminés par **-ou** prennent un **x** au pluriel :
bijou, caillou, chou, genou, hibou, joujou, pou.

Six noms terminés par **-ail** au singulier se terminent par **-aux**
au pluriel : bail, corail, émail, soupirail, travail, vitrail.

Certains noms sont très différents au singulier et au pluriel :
Exemples : un œil / des yeux, madame / mesdames,
monsieur / messieurs.

Grâce à moi,
les foules se
transforment
en poules.

Réponse
à la lettre

Ponctuation

DEVOIR MODÈLE

1. Dans les phrases suivantes, ajoute la ponctuation.

a) Madame, est-ce que je peux aller aux toilettes **?**
b) J'ai oublié mon livre de français, mon cahier de math, mon compas, mes crayons et ma collation**.**
c) Prenez vos cahiers de français, allez à la page 54, faites l'exercice 3 et sortez en silence**.**
d) Mais je ne comprends strictement rien **!**
e) Le directeur, sombre et inquiétant, se dressait devant eux**.**
f) Comme il fait froid **!**

EXPLICATIONS

Une phrase se termine par un point (**.**), un point d'interrogation (**?**) ou un point d'exclamation (**!**).

On met un **point** à la fin d'une phrase déclarative ou impérative.
Exemples : Le directeur apparaît**.**
Prenez vos cahiers de français**.**

On met un **point d'interrogation** à la fin d'une phrase interrogative.
Exemple : Est-ce que je peux aller aux toilettes **?**

On met un **point d'exclamation** à la fin d'une phrase exclamative ou d'une phrase impérative.
Exemple : Comme il fait froid **!**

Dans une phrase, on utilise la **virgule** (**,**) :

pour séparer les éléments d'une énumération ;

Exemple :
J'ai oublié mon livre de français, mon cahier de math, mon compas, mes crayons et ma collation.

Remarque
On ne met pas de virgule entre deux éléments d'une énumération reliés par **et** ou **ou**.

pour isoler ou encadrer un mot ou un groupe de mots.

Exemples :
Madame, est-ce que je peux aller aux toilettes ?

Le directeur, sombre et inquiétant, se dressait devant eux.

Pronom

Voir aussi *classes de mots*.

DEVOIRS MODÈLES

1. Dans chaque phrase, souligne le pronom.

a) Ce devoir, Amédée ne <u>le</u> fera jamais.
b) <u>Je</u> ne comprends pas cette consigne.
c) Miss Lipton ne voudra pas <u>te</u> croire.
d) <u>Qui</u> a pris mon crayon ?

2. Dans chaque phrase, souligne le mot ou le groupe de mots remplacé par le pronom en gras.

a) <u>Amédée</u> n'y arrivera jamais, **il** est nul en math.
b) Amédée a téléphoné à <u>Lancelot</u>, il **lui** a demandé de l'aider.
c) <u>Amédée</u> a téléphoné à Lancelot, il lui a demandé de **l'**aider.
d) Sur <u>les cinq exercices</u>, **lesquels** sont à faire pour demain ?

EXPLICATIONS

Un pronom est un mot qui **remplace** un autre mot ou un groupe de mots dont on a déjà parlé. Les pronoms servent ainsi à éviter les répétitions.
Exemple : Ce devoir, Amédée ne **le** fera jamais.
> **le** *remplace* **ce devoir**.

Certains pronoms ne remplacent pas un autre mot ou un groupe de mots. Ces pronoms **représentent** une personne, un animal ou une chose.
Exemple : **Je** ne comprends pas cette consigne.
> **Je** *représente la personne qui parle.*

Le pronom est un mot variable : il peut changer selon la personne, le genre et le nombre.
Exemples : il (3e personne, masculin, singulier)
nous (1re personne, pluriel)

Les principaux pronoms	
Pronoms personnels	1re personne (la ou les personnes qui parlent) je, j', me, m', moi, nous 2e personne (la ou les personnes à qui l'on parle) tu, te, t', toi, vous 3e personne (la ou les personnes de qui l'on parle) il, elle, on, le, la, l', lui, ils, elles, les, leur, eux
Pronoms interrogatifs	qui, que, qu', quoi, quel, quelle, lequel, laquelle, quels, quelles, lesquels, lesquelles
Pronoms démonstratifs	celui, celle, celui-ci, celle-ci, ce, c', ceci, cela, ceux, ceux-ci, ceux-là, celles, celles-ci, celles-là
Pronoms relatifs	qui, que, quoi, dont, où
Pronoms possessifs	le mien, la mienne, le sien, la sienne, le tien, la tienne, les miens, les miennes, les siens, les siennes, les tiens, les tiennes

Attention !

Lorsqu'on emploie un pronom dans une phrase, la personne, l'animal ou la chose que ce pronom remplace ou représente doivent être bien identifiables.

Mon 1er est un pronom.

Mon 2e est un pronom.

Mon tout est un pronom

Réponse : celui

Octave
est une
nouille.
(sens propre)

Sens propre et sens figuré

DEVOIR MODÈLE

1. Pour chaque mot souligné, indique dans les parenthèses s'il est au sens propre ou au sens figuré.

a) Le feu <u>brûle</u> dans la cheminée. (*sens propre*)

b) Miss Lipton <u>brûle</u> d'impatience. (*sens figuré*)

c) Nous arrivons au <u>sommet</u> de la montagne. (*sens propre*)

d) Falballa Zitrone était au <u>sommet</u> de sa gloire. (*sens figuré*)

e) Le ciel était rempli d'<u>étoiles</u>. (*sens propre*)

f) Monsieur Castonguay est l'<u>étoile</u> du jour. (*sens figuré*)

g) La curiosité <u>dévorait</u> le garçon. (*sens figuré*)

h) Le chien <u>dévorait</u> son os sans s'occuper du reste. (*sens propre*)

i) Un silence <u>glacial</u> se répandit dans la salle. (*sens figuré*)

j) Un vent <u>glacial</u> soufflait sur la campagne. (*sens propre*)

k) La nouvelle de son départ est
un bruit qui <u>court</u> depuis quelques jours. (*sens figuré*)

l) Ursule ne <u>court</u> jamais dans la rue. (*sens propre*)

EXPLICATIONS

Un mot peut être employé au sens propre ou au sens figuré.
Le sens propre est le premier sens du mot, son sens le plus courant.
Exemple : Le feu **brûle** dans la cheminée.

Le sens figuré exprime une image.
Exemple : Miss Lipton **brûle** d'impatience.

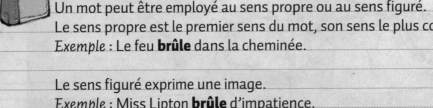

Singulier

Voir aussi *accord dans le groupe du nom, nombre.*

DEVOIRS MODÈLES

1. Entoure les mots qui sont au singulier.

fraises (chou) (leur) trois (mon) (vérité) (foule)
leurs clous (poule) (corail) (monde) cochons trois

2. Écris le singulier des noms suivants.

des nez : un *nez*   des voyous : un *voyou*
des chiens : un *chien*   des chameaux : un *chameau*
des bœufs : un *bœuf*   des sœurs : une *sœur*

EXPLICATIONS

Pour parler d'une seule personne, d'un seul animal ou d'une seule chose, on emploie le singulier.
Exemple : un chien.

Son : euil, ueil

DEVOIR MODÈLE

1. Complète les mots par **euil** ou **ueil**.

du cerf _euil_   un faut _euil_   un org _ueil_   acc _ueil_ lir

un acc _ueil_   un écur _euil_   un rec _ueil_   je c _ueil_ le

EXPLICATIONS

Après les lettres **g** et **c**, le son **euil** s'écrit **ueil**. Cela permet de prononcer le **g** et le **c** comme dans **gu**enille et **cu**lotte (et non comme dans **ge**nou et **ce**rise).
Exemples : l'orgueil, un accueil, un recueil, cueillir.

Son : verbes terminés par -é ou -er

DEVOIR MODÈLE

1. Complète les verbes par **-é** ou **-er**.

a) Le casier d'Omar est très mal nettoy _é_.
b) Aide-moi à rang _er_ ma case.
c) Non, je vais termin _er_ le livre que m'a prêt _é_ Louis.

EXPLICATIONS

Un verbe terminé par **-é** est au participe passé.
Un verbe terminé par **-er** est à l'infinitif.

Pour savoir s'il faut écrire **-é** ou **-er**, il suffit de remplacer le verbe par un autre verbe dont le participe passé et l'infinitif n'ont pas la même prononciation, comme **faire**, **vendre** ou **finir**.

Exemple : Je vais termin**er** le livre que m'a prêt**é** Louis.
          *Je vais **finir** le livre que m'a **vendu** Louis.*

Syllabe

DEVOIR MODÈLE

1. Réécris les mots en séparant les syllabes par une barre.

marche	construire	chaussure	première
mar / che	*cons / trui / re*	*chaus / su / re*	*pre / miè / re*

personne	coccinelle	apprendre	difficile
per / son / ne	*coc / ci / nel / le*	*ap / pren / dre*	*dif / fi / ci / le*

EXPLICATIONS

Une syllabe est un son prononcé dans une seule émission de voix. Les mots sont formés de une ou de plusieurs syllabes.

Exemples de mots de **une** *syllabe :*
bras, chat, doigt, le, nez, un, vert

Exemples de mots de **deux** *syllabes :*
tapis : ta / pis
tête : tê / te
nièce : niè / ce

Exemples de mots de **trois** *syllabes :*
vendredi : ven / dre / di
tomate : to / ma / te

Exemples de mots de **quatre** *syllabes :*
magnifique : ma / gni / fi / que
téléphone : té / lé / pho / ne

Lorsqu'un mot contient des consonnes doubles, les syllabes se séparent entre les deux consonnes.
Exemple : chaussure : chaus / su / re

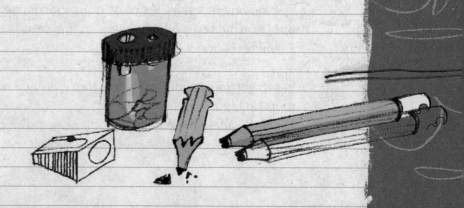

Six
chaises
rêches
chassent
six chats
riches.

Synonymes

Voir aussi *antonymes*.

DEVOIRS MODÈLES

1. Dans chaque liste, un mot n'est pas synonyme des autres. Entoure-le.

a) heureux – content – ravi – (drôle) – réjoui – satisfait

b) posséder – avoir – compter – (acheter) – renfermer

c) ami – (adversaire) – camarade – compagnon – copain

d) apprendre – découvrir – approfondir – étudier – (lire) – s'instruire

2. Associe les synonymes deux par deux.

excellent   triste

malheureux   patron

propriétaire   bon

plat   route

voie   mets

EXPLICATIONS

Des synonymes sont des mots qui appartiennent à la même classe de mots et qui ont le même sens, ou presque le même sens.
Exemple : heureux – content.

Les synonymes sont très utiles pour éviter de répéter trop souvent le même mot dans un texte.
Exemple : Adèle me **dit** toujours de ne pas **dire** ce qu'elle me **dit**.
       *Adèle me **dit** toujours de ne pas **répéter** ce qu'elle me **raconte**.*

Trait d'union

DEVOIRS MODÈLES

1. Recopie les mots en ajoutant des traits d'union quand c'est nécessaire.

arc en ciel : *arc-en-ciel*
casse tête : *casse-tête*
château fort : *château fort*
pomme de terre : *pomme de terre*

après midi : *après-midi*
chasse neige : *chasse-neige*
quatre vingts : *quatre-vingts*
sous sol : *sous-sol*

2. Ajoute les traits d'union quand c'est nécessaire.

a) Viens-tu ?
b) Qu'est-ce que tu fais ?
c) Je cherche mon sac.

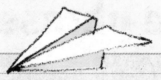

EXPLICATIONS

Le trait d'union est un signe orthographique qui réunit plusieurs mots pour former un nouveau mot (un mot composé).
Exemple : arc, en, ciel / arc-en-ciel

Le trait d'union sert également à réunir un verbe et un pronom sujet dans une phrase interrogative.
Exemple : Viens-tu ?

Tréma

DEVOIR MODÈLE

1. Dans les mots ci-dessous, ajoute les trémas où c'est nécessaire.

Noël	naïf	Saül	égoïste
aiguë	maïs	ouïe	canoë

EXPLICATIONS

Le tréma est un signe orthographique que l'on met sur les voyelles **e**, **i** ou **u** pour indiquer que la voyelle qui précède doit être prononcée séparément.
Exemples : Noël, naïf, Saül.

Types de phrases

DEVOIRS MODÈLES

1. Indique quel est le type de chaque phrase :
déclarative, interrogative, impérative ou exclamative.

a) Dépêche-toi. *impérative*

b) Est-ce que tu viens ? *interrogative*

c) Comme tu es lent ! *exclamative*

d) Je ne t'attendrai pas plus longtemps. *déclarative*

2. Écris une question pour chaque réponse.

a) Question : *Quelle est ta couleur préférée ?*
   Réponse : Ma couleur préférée est le bleu.

b) Question : *As-tu du bleu sur toi ?*
   (ou *Est-ce que tu as du bleu sur toi ?*)
   Réponse : Oui, j'ai du bleu sur moi.

c) Question : *Pourquoi pleures-tu ?*
   (ou *Pourquoi est-ce que tu pleures ?*)
   Réponse : Parce que j'ai cassé mes lunettes.

3. Transforme les phrases déclaratives en phrases impératives.

  a) Tu n'oublies rien. *N'oublie rien.*
  b) Tu regardes où tu marches. *Regarde où tu marches.*
  c) Nous nous rencontrons samedi prochain. *Rencontrons-nous samedi prochain.*

EXPLICATIONS

Il existe quatre types de phrases.

La **phrase déclarative** est utilisée pour donner une information, raconter un fait.
Elle se termine par un point.
Exemple : Je ne t'attendrai pas plus longtemps**.**

La **phrase interrogative** est utilisée pour poser une question. Elle se termine par
un point d'interrogation.

On peut construire une phrase interrogative de différentes façons :

ajouter l'expression « Est-ce que » au début de la phrase ;	placer le sujet après le verbe ;	ajouter après le verbe un pronom personnel qui reprend le sujet ;
Exemple : **Est-ce que** tu viens**?**	*Exemple* : Viens-**tu?**	*Exemple* : Omar vient-**il?**

Note

Une phrase interrogative peut commencer par un
mot interrogatif (où, quand, comment, pourquoi…).
Exemple : **Pourquoi** pleures-tu ?

La **phrase exclamative** est utilisée pour exprimer une vive émotion (la joie,
la peur, la colère, la surprise, etc.). Elle se termine par un point d'exclamation.
Exemple : Comme tu es lent**!**

La **phrase impérative** est utilisée pour donner un ordre ou un conseil.
On construit une phrase impérative en employant un verbe à l'impératif.
Une phrase impérative se termine par un point ou par un point d'exclamation.
Exemples : Dépêche-toi**.**
          Dépêche-toi**!**

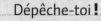

Verbe

Voir aussi *accord du verbe, classes de mots, conjugaison, groupe du verbe.*

DEVOIR MODÈLE

1. Dans les phrases suivantes, souligne les verbes.

a) Ce soir, Charles-Antoine marche d'un pas décidé.
b) Ce garçon est un être solitaire.
c) Il aura 9 ans au mois de mai.
d) La famille de Charles-Antoine habite une énorme maison.
e) Personne ne leur rend jamais visite.
f) Mais Charles-Antoine n'aime pas beaucoup avoir de la visite.
g) Il préfère jouer aux échecs la nuit.
h) Il connaît le nom de tous les grands joueurs.

EXPLICATIONS

Le verbe est un mot qui exprime une action ou un état.
Exemples : Ce soir, Charles-Antoine **marche** d'un pas décidé.
> *Le mot **marche** exprime l'action de marcher.*

Ce garçon **est** un être solitaire.
> *Le mot **est** exprime l'état de ce garçon.*

Voici quelques verbes : avoir, être, aimer, marcher, finir, courir, prendre, vouloir, dormir.

Pour reconnaître un verbe, on essaye de l'encadrer par la négation **ne** (n') **pas**.
Exemple : Ce garçon **est** un être solitaire. Ce garçon **n'**est **pas** un être solitaire.

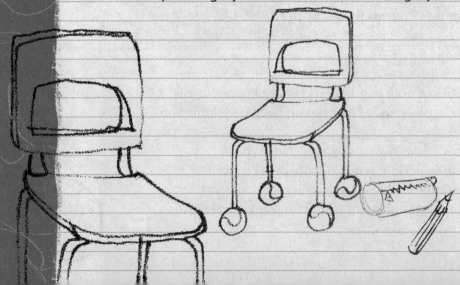

2e période :

MATHÉMATIQUE

Addition

Voir aussi *valeur de position des chiffres dans un nombre.*

DEVOIRS MODÈLES

1. Effectue les additions.

```
   5 7          2 4 8          3 5 4 6          5 0 4 7
 + 3 6        + 3 6 4        + 2 8 7 5        + 8 7 5 5
   9 3          6 1 2          6 4 2 1        1 3 8 0 2
```

2. Effectue l'addition, puis écris l'opération inverse.

```
   5 4          2 4 5          5 3 4 2
 + 2 1        + 1 3 4        + 3 2 4 1
   7 5          3 7 9          8 5 8 3


   7 5          3 7 9          8 5 8 3
 - 2 1        - 1 3 4        - 3 2 4 1
   5 4          2 4 5          5 3 4 2
```

3. Trouve le terme manquant.

```
   4 6          4 2 6          2 1 4 5          5 6 8 1
 + 2 1        + 1 6 5        + 6 9 1 1        + 4 4 2 3
   6 7          5 9 1          9 0 5 6        1 0 1 0 4


   2 6          5 7 8          4 8 1 3          1 9 6 9
 + 4 3        + 1 2 2        + 3 1 9 2        + 8 0 5 1
   6 9          7 0 0          8 0 0 5        1 0 0 2 0
```

4. Trouve les chiffres manquants.

	1	8	1
+	2	0	8
	3	8	9

	2	7	0
+	3	4	1
	6	1	1

	5	6	4	6
+	4	0	0	0
	9	6	4	6

	8	2	7	8
+	1	9	5	3
1	0	2	3	1

5. Résous le problème.

Cette semaine, Lancelot a tiré 18 fois les tresses de Joséphine et Amédée les a tirées 32 fois. Combien de fois Joséphine s'est-elle fait tirer les tresses cette semaine ? Laisse des traces de ta démarche.

Démarche	Réponse
18 + 32 = 50	50 fois

EXPLICATIONS

L'addition est une des quatre opérations. Additionner, c'est ajouter une quantité à une autre quantité (un nombre à un autre nombre). Le résultat d'une addition s'appelle une **somme**.

L'addition est **commutative**, c'est-à-dire que l'on peut changer l'ordre des termes d'une addition sans que cela change la somme.
Exemple :

54   **+**   **21**   **=**   **75**   **21**   **+**   **54**   **=**   **75**

    terme   somme   terme   somme

Comme la multiplication, l'addition est **associative**, c'est-à-dire que l'on peut additionner les termes en les regroupant de plusieurs façons.
Exemple :

3 + 2 + 4 = 9   **(3 + 2) + 4 = 9**   **3 + (2 + 4) = 9**

                              5   6

Lancelot le mulot!

L'addition avec retenue

Si l'addition des unités donne un nombre contenant une **dizaine**, il faut retenir cette dizaine, la placer dans la colonne des dizaines et l'additionner avec les autres dizaines.

Si l'addition des dizaines donne un nombre contenant une **centaine**, il faut retenir cette centaine, la placer dans la colonne des centaines et l'additionner avec les autres centaines.

Si l'addition des centaines donne un nombre contenant une **unité de mille**, il faut retenir cette unité de mille, la placer dans la colonne des unités de mille et l'additionner avec les autres unités de mille.

Si l'addition des unités de mille donne un nombre contenant une **dizaine de mille**, il faut retenir cette dizaine de mille, la placer dans la colonne des dizaines de mille et l'additionner avec les autres dizaines de mille.

Exemple :

	1	1	1	
	3	5	4	6
+	2	8	7	5
	6	4	2	1

L'addition des unités (6 et 5) donne 11, soit 1 dizaine et 1 unité. On retient donc 1 dizaine que l'on place dans la colonne des dizaines pour l'additionner aux autres dizaines (4 et 7).

L'addition des dizaines (4, 7 et 1) donne 12, soit 1 centaine et 2 dizaines. On retient donc 1 centaine que l'on place dans la colonne des centaines pour l'additionner aux autres centaines (5 et 8).

L'addition des centaines (5, 8 et 1) donne 14, soit 1 unité de mille et 4 centaines. On retient donc 1 unité de mille que l'on place dans la colonne des unités de mille pour l'additionner aux autres unités de mille (3 et 2).

L'opération inverse de l'addition est la soustraction.
Exemple :

$$54 \ + \ 21 \ = \ 75 \qquad\qquad 75 \ - \ 21 \ = \ 54$$

Pour trouver le terme manquant d'une addition, il faut faire l'opération inverse, c'est-à-dire une soustraction : on soustrait de la somme le nombre que l'on connaît.
Exemples :

	4	6
+	**?**	
	6	7

	6	7
−	4	6
	2	1

	4	6
+	**2**	**1**
	6	7

	?	
+	4	3
	6	9

	6	9
−	4	3
	2	6

	2	**6**
+	4	3
	6	9

Angle

Voir aussi *figure plane, perpendiculaires.*

DEVOIRS MODÈLES

1. Sous chaque angle, écris s'il est aigu, droit ou obtus.

aigu	_obtus_	_droit_	_aigu_	_droit_

2. Dans chaque figure, marque en rouge les angles aigus, en bleu les angles droits et en vert les angles obtus.

3. Trace un angle droit, un angle aigu et un angle obtus.

EXPLICATIONS

Un angle est une figure formée par deux demi-droites (les côtés) ayant la même origine.

	Exemples
Un **angle droit** est formé par deux demi-droites perpendiculaires.	
Un angle **aigu** est plus petit (moins ouvert) qu'un angle droit.	
Un **angle obtus** est plus grand (plus ouvert) qu'un angle droit.	

Arrondissement d'un nombre

Voir aussi *estimation, valeur de position d'un chiffre dans un nombre.*

DEVOIRS MODÈLES

1. Arrondis les nombres à la position demandée.

	34 631	75 470	14 836	36 824	19 063
À la dizaine près	34 630	75 470	14 840	36 820	19 060
À la centaine près	34 600	75 500	14 800	36 800	19 100
À l'unité de mille près	35 000	75 000	15 000	37 000	19 000
À la dizaine de mille près	30 000	80 000	10 000	40 000	20 000

2. Arrondis les nombres décimaux à l'unité près.

1,5 : __2__	0,5 : __1__	1,4 : __1__	0,4 : __0__
24,60 : __25__	80,25 : __80__	25,05 : __25__	25,75 : __26__
70,62 : __71__	45,35 : __45__	45,81 : __46__	9,90 : __10__

EXPLICATIONS

Arrondir un nombre, c'est le remplacer par un nombre qui a la valeur la plus proche possible, mais qui est plus facile à retenir ou à utiliser. Cela permet entre autres de faire des estimations.

Pour arrondir un nombre à la position demandée, souligne le chiffre qui est à cette position. Si le chiffre qui suit est égal à 5 ou plus grand que 5, ajoute 1 au chiffre souligné ; si le chiffre qui suit est inférieur à 5, n'ajoute rien au chiffre souligné. Ensuite, remplace les chiffres à droite par des zéros.

Exemples :

Arrondir 14 836 à la **dizaine** près :	14 836	14 840
Arrondir 14 836 à la **centaine** près :	14 836	14 800
Arrondir 14 836 à l'**unité de mille** près :	14 836	15 000
Arrondir 14 836 à la **dizaine de mille** près :	14 836	10 000
Arrondir 1,5 à l'**unité** près :	1,5	2

Carré

Voir aussi *figure plane, quadrilatère, polygone.*

DEVOIRS MODÈLES

1. Parmi les polygones suivants, entoure les carrés.

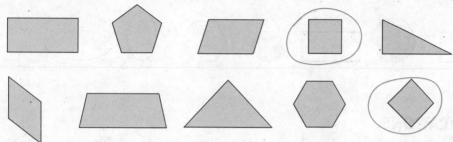

2. Vrai ou faux ?

	Vrai	Faux
a) Un carré a cinq côtés.		X
b) Les côtés opposés d'un carré sont parallèles.	X	
c) Un carré a 2 angles aigus et 2 angles obtus.		X
d) Un carré a 4 côtés congrus.	X	
e) Un carré a 4 angles droits.	X	

EXPLICATIONS

Un carré est un quadrilatère dont les quatre côtés sont congrus (égaux).

Dans un carré, les côtés opposés sont parallèles.

Un carré a quatre angles droits.

Exemple :

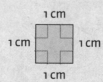

1 cm · 1 cm · 1 cm · 1 cm

Cercle

Voir aussi *figure plane*.

DEVOIR MODÈLE

1. Observe les figures suivantes et colorie les cercles en bleu.

 ## EXPLICATIONS

Un cercle est une figure plane formée d'une ligne courbe fermée dont les points sont à égale distance du centre.

Exemple :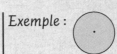

Comparer les nombres

Voir aussi *valeur de position d'un chiffre dans un nombre.*

DEVOIRS MODÈLES

1. Compare les nombres en utilisant les signes **>**, **<** ou **=**.

5 246 **<** 5 264	71 771 **>** 71 717	98 989 **<** 98 998
23 070 **<** 23 700	61 604 **=** 61 604	56 536 **>** 55 536
15,2 **=** 15,20	3,25 **<** 3,52	5,10 **>** 5,01
23,07 **<** 23,70	0,03 **<** 0,30	0,8 **>** 0,09

2. Classe les nombres dans l'ordre croissant.

13 201   50 264   56 536   9 999   5 246   98 989

5 246   9 999   13 201   50 264   56 536   98 989

3. Classe les nombres dans l'ordre décroissant.

0,4   0,04   1,4   1,04   14,5   1   14,05   14,51

14,51   14,5   14,05   1,4   1,04   1   0,4   0,04

EXPLICATIONS

Pour comparer les nombres entre eux, on utilise les signes **>**, **<** ou **=**.

Le signe **>** signifie **plus grand que**.	Le signe **<** signifie **plus petit que**.	Le signe **=** signifie **égale** ou **est égal à**.
Exemple : 1 332 **>** 1 323	*Exemple :* 23,07 **<** 23,70	*Exemple :* 5,2 **=** 5,20

Truc
Pour ne pas te tromper, retiens que le côté **ouvert** du signe est toujours tourné vers le nombre plus **grand**.

Du plus petit nombre au plus grand, c'est l'ordre **croissant**.
Exemple : 5 246, 9 999, 13 201, 50 264, 56 536, 98 989

Du plus grand nombre au plus petit, c'est l'ordre **décroissant**.
Exemple : 98 989, 56 536, 50 264, 13 201, 9 999, 5 246

Décomposition d'un nombre

Voir aussi *valeur de position d'un chiffre dans un nombre.*

DEVOIRS MODÈLES

1. Remplis les cases.

2 548 = $\boxed{2\,000}$ + 500 + 40 + 8

3 272 = 2 000 + $\boxed{1\,000}$ + 200 + 70 + 2

31,1 = 30 + 1 + $\boxed{0,1}$

42 150 = 20 000 + $\boxed{20\,000}$ + 2 000 + 150

0,29 = 0,2 + $\boxed{0,09}$

85 280 = $\boxed{80\,000}$ + 5 000 + 200 + 80

25,75 = 20 + 5 + $\boxed{0,7}$ + 0,05

75,04 = 70 + 5 + $\boxed{0,04}$

2. Remplis les cases.

4 529 = $\boxed{4}$ unités de mille + $\boxed{5}$ centaines + $\boxed{2}$ dizaines + $\boxed{9}$ unités

4 529 = $\boxed{2}$ unités de mille + $\boxed{25}$ centaines + $\boxed{2}$ dizaines + $\boxed{9}$ unités

24 529 = $\boxed{1}$ dizaine de mille + $\boxed{14}$ unités de mille + $\boxed{5}$ centaines + $\boxed{29}$ unités

0,29 = $\boxed{9}$ centièmes + $\boxed{2}$ dixièmes

34,06 = $\boxed{3}$ dizaines + $\boxed{4}$ unités + $\boxed{0}$ dixième + $\boxed{6}$ centièmes

5,18 = $\boxed{5}$ unités + $\boxed{18}$ centièmes

3. Recompose les nombres.

2 000 + 100 + 100 + 100 + 40 + 5 = <u>2 345</u>

30 000 + 5 000 + 800 + 90 + 3 = <u>35 893</u>

10 000 + 20 000 + 5 000 + 800 + 93 = <u>35 893</u>

EXPLICATIONS

Les nombres entiers

Un nombre entre 10 et 100 peut se décomposer en dizaines et en unités.

Exemple : **25** = 20 + 5
= 2 dizaines et 5 unités

Un nombre entre 100 et 1 000 peut se décomposer en centaines, en dizaines et en unités.

Exemple : **325** = 300 + 20 + 5
= 32 dizaines + 5 unités

Un nombre entre 1 000 et 10 000 peut se décomposer en unités de mille, en centaines, en dizaines et en unités.

Exemple : **3 251** = 3 000 + 200 + 50 + 1
= 32 centaines + 5 dizaines + 1 unité
= 325 dizaines + 1 unité

Un nombre entre 10 000 et 100 000 peut se décomposer en dizaines de mille, en unités de mille, en centaines, en dizaines et en unités.

Exemple :

32 541 = 30 000 + 2 000 + 500 + 40 + 1
= 3 dizaines de mille + 2 unités de mille + 5 centaines + 4 dizaines + 1 unité
= 32 unités de millé + 5 centaines + 4 dizaines + 1 unité
= 325 centaines + 4 dizaines + 1 unité
= 3 254 dizaines + 1 unité

Les nombres décimaux

Pour décomposer un nombre décimal, il faut tenir compte de la position des dixièmes et des centièmes.

Exemple : **34,26** = 30 + 4 + 0,2 + 0,06
= 3 dizaines + 4 unités + 2 dixièmes + 6 centièmes

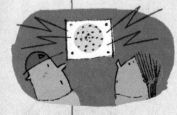

Attention !

Un nombre peut se décomposer de nombreuses façons.
Exemples :

2 541 = 2 000 + 500 + 40 + 1
= 2 unités de mille + 5 centaines + 4 dizaines + 1 unité
= 25 centaines + 4 dizaines + 1 unité

34,26 = 30 + 4 + 0,2 + 0,06
= 30 + 4 + 0,1 + 0,16
= 3 dizaines + 4 unités + 2 dixièmes + 6 centièmes

Diviseur d'un nombre

Voir aussi *division*.

DEVOIR MODÈLE

1. Écris tous les diviseurs des nombres suivants.

9 : 1, 3, 9

10 : 1, 2, 5, 10

12 : 1, 2, 3, 4, 6, 12

18 : 1, 2, 3, 6, 9, 18

24 : 1, 2, 3, 4, 6, 8, 12, 24

32 : 1, 2, 4, 8, 16, 32

36 : 1, 2, 3, 4, 6, 9, 12, 18, 36

40 : 1, 2, 4, 5, 8, 10, 20, 40

48 : 1, 2, 3, 4, 6, 8, 12, 16, 24, 48

54 : 1, 2, 3, 6, 9, 18, 27, 54

56 : 1, 2, 4, 7, 8, 14, 28, 56

64 : 1, 2, 4, 8, 16, 32, 64

72 : 1, 2, 3, 4, 6, 8, 9, 12, 18, 24, 36, 72

84 : 1, 2, 3, 4, 6, 7, 12, 14, 21, 28, 42, 84

90 : 1, 2, 3, 5, 6, 9, 10, 15, 18, 30, 45, 90

100 : 1, 2, 4, 5, 10, 20, 25, 50, 100

EXPLICATIONS

On appelle diviseurs d'un nombre tous les nombres qui divisent exactement un nombre, c'est-à-dire sans reste. Pour trouver les diviseurs d'un nombre, on divise ce nombre par 1, 2, 3, 4, 5, 6, etc. jusqu'à ce qu'un diviseur ait déjà été trouvé dans l'opération précédente.

Exemple : les diviseurs de 6 :

6 ÷ 1 = 6	1 et 6 sont donc des diviseurs de 6	(1 ...... 6)
6 ÷ 2 = 3	2 et 3 sont donc des diviseurs de 6	(1, 2, ... 3, 6)
6 ÷ 3 = 2	le diviseur 2 a déjà été trouvé	

Les diviseurs de 6 sont donc : 1, 2, 3, 6.

Pour calculer les diviseurs d'un nombre, il est très utile de connaître les règles de divisibilité.

Les règles de divisibilité

Tous les nombres pairs sont divisibles par **2**.	*Exemples :* 2 532, 21 450, 368
Un nombre est divisible par **3** si la somme de ses chiffres est divisible par 3.	*Exemple :* **2 532** *2 + 5 + 3 + 2 = 12* *12 est divisible par 3,* *donc 2 532 est divisible par 3.*
Un nombre est divisible par **4** si le nombre formé par ses deux derniers chiffres est divisible par 4.	*Exemple :* **2 532** *32 est divisible par 4,* *donc 2 532 est divisible par 4.*
Un nombre est divisible par **5** s'il se termine par un 5 ou par un 0.	*Exemples :* 2 53**5**, 2 53**0**
Un nombre est divisible par **9** si la somme de ses chiffres est divisible par 9.	*Exemple :* **7 641** *7 + 6 + 4 + 1 = 18* *18 est divisible par 9,* *donc 7 641 est divisible par 9.*
Un nombre est divisible par **10** s'il se termine par un zéro ; il est divisible par 100 s'il se termine par deux zéros.	*Exemples :* 4 5**70** est divisible par 10 ; 4 5**00** est divisible par 10 et par 100.

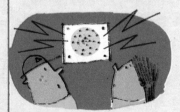

Attention !

Il ne faut pas confondre le **diviseur d'un nombre** et le **diviseur dans une division**.
Le diviseur dans une division est le nombre par lequel on divise un autre nombre. 12 ÷ **2** = 6

Division

Voir aussi *diviseur d'un nombre*.

DEVOIRS MODÈLES

1. Écris deux divisions pour chaque illustration.

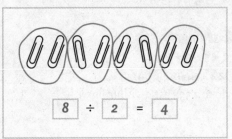

$$8 \div 2 = 4$$

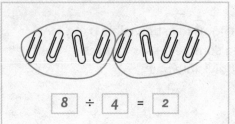

$$8 \div 4 = 2$$

2. Écris la division qui correspond à la série de soustractions.

$$8 - 2 = 6 \qquad 6 - 2 = 4 \qquad 4 - 2 = 2 \qquad 2 - 2 = 0 \qquad \underline{8 \div 2 = 4}$$

3. Effectue les divisions.

```
  6 8 | 2          9 6 | 3          4 8 0 | 4            2 8 7 | 7
- 6   | 3 4      - 9   | 3 2      - 1     | 1 2 0      - 2 8   | 4 1
  0 8              0 6              0 8                  0 0 7
- 8              - 6              - 8                  -   7
  0                0                0 0                  0
                                  - 0
                                    0
```

```
  6 9 | 2                7 7 | 3                  2 5 3 | 8
- 6   | 3 4  reste 1    - 6   | 2 5  reste 2    - 2 4   | 3 1  reste 5
  0 9                      1 7                    0 1 3
- 8                      - 1 5                    -   8
  1                        0 2                      0 5
```

4. Effectue la division, puis écris l'opération inverse.

$8 \div 2 = 4 \rightarrow 4 \times 2 = 8$		$45 \div 5 = 9 \rightarrow 9 \times 5 = 45$
$126 \div 3 = 42 \rightarrow 42 \times 3 = 126$		$328 \div 8 = 41 \rightarrow 41 \times 8 = 328$

5. Résous les problèmes suivants.

a) Miss Lipton, la prof d'anglais, a 6 jeux *Zoom sur l'anglais*. Pour
   faire jouer tous les élèves de la classe, elle doit former des équipes.
   Puisque nous sommes 24 élèves, combien y aura-t-il d'élèves par équipe ?

Démarche	Réponse
$24 \div 6 = 4$	4 élèves

b) Le prof d'éducation physique a organisé une ligue de soccer pour
   les classes du 2e cycle. Il a fait des équipes de 9 élèves. Nous sommes 109,
   et Charles-Antoine est resté sur le carreau. Combien y a-t-il d'équipes ?

Démarche	Réponse
$\begin{array}{r} 1\ 0\ 9 \underline{|\ 9} \\ -\ 0\ 9 \quad 1\ 2 \ \text{reste 1} \\ \hline 0\ 1\ 9 \\ -\ 1\ 8 \\ \hline 0\ 1 \end{array}$	12 équipes

EXPLICATIONS
La division est une des quatre opérations.

Les sens de la division
La division sert à partager une quantité en parts égales.
Exemple : On a 8 trombones de bureau :
si l'on veut les partager en 2 parts égales, on obtient 4 trombones dans chaque part.

$8 \div 2 = 4$

si l'on veut faire des paquets de 2 trombones, on obtient 4 paquets.

$8 \div 2 = 4$

si l'on veut faire des paquets de 4 trombones, on obtient 2 paquets.

$8 \div 4 = 2$

La division consiste à chercher combien de fois un nombre, appelé le diviseur, est contenu dans un autre nombre, appelé le dividende. La réponse est appelée le quotient.

Exemple :
Dans $8 \div 2$, on cherche combien de fois 2 est contenu dans 8. La réponse est 4.

$$\mathbf{8} \qquad \div \qquad \mathbf{2} \qquad = \qquad \mathbf{4}$$

dividende   diviseur   quotient

Cela équivaut à soustraire la même quantité plusieurs fois jusqu'à zéro.

$8 \div 2 \rightarrow$ $\mathbf{8 - 2 = 6}$ $\mathbf{6 - 2 = 4}$ $\mathbf{4 - 2 = 2}$ $\mathbf{2 - 2 = 0}$

1 fois   2 fois   3 fois   4 fois

La réponse est 4, car on a soustrait 4 fois le nombre 2 à 8 pour obtenir 0.

Comment diviser

Pour diviser un nombre à 2 chiffres, on divise d'abord les dizaines, puis on divise les unités.

Exemple : 68 ÷ 2

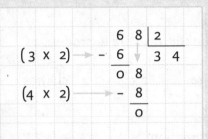

Le nombre de dizaines (6) divisé par 2 = 3.
Le nombre d'unités (8) divisé par 2 = 4.
Réponse : 34

Pour diviser un nombre à 3 chiffres, on divise d'abord les centaines, puis les dizaines, enfin, on divise les unités.

Exemple : 168 ÷ 2

Le nombre de centaines (1) est trop petit
pour être divisé par 2. On divise donc les
16 dizaines par 2.
Le nombre de dizaines (16) divisé par 2 = 8.
Le nombre d'unités (8) divisé par 2 = 4.
Réponse : 84

Lorsque l'on divise un nombre, il peut y avoir un reste, c'est-à-dire un nombre plus petit que le diviseur.

Exemple : 69 ÷ 2

Le nombre de dizaines (6) divisé par 2 = 3.
Le nombre d'unités (9) divisé par 2 = 4;
il reste 1.
1 étant plus petit que 2, on ne peut pas
le diviser par 2.
Réponse : 34 reste 1

L'opération inverse de la division est la multiplication.

Exemple : **8 ÷ 2 = 4** ➞ **4 X 2 = 8**

Estimation
Voir aussi *arrondissement d'un nombre.*

DEVOIRS MODÈLES

1. Pour chaque multiplication, indique combien de chiffres aura le produit.

324 x 2 ⟶ ⎡3⎤ chiffres   324 x 4 ⟶ ⎡4⎤ chiffres   582 x 2 ⟶ ⎡4⎤ chiffres

2. Pour chaque multiplication, coche la bonne estimation.

	Produit < 3 000	Produit > 3 000 et < 4 000	Produit > 4 000
19 x 58	X		
75 x 81			X
69 x 53		X	
38 x 53	X		
534 x 7		X	

3. Pour chaque division, indique combien de chiffres aura le quotient.

324 ÷ 6 ⟶ ⎡2⎤ chiffres   81 ÷ 3 ⟶ ⎡2⎤ chiffres   868 ÷ 7 ⟶ ⎡3⎤ chiffres

4. Pour chaque division, coche la bonne estimation.

	Quotient < 30	Quotient > 30 et < 40	Quotient > 40
132 ÷ 4		X	
372 ÷ 6			X
108 ÷ 9	X		
175 ÷ 7	X		

EXPLICATIONS

Faire une estimation, c'est calculer approximativement un résultat. Pour faire une estimation, on a recours à l'arrondissement ou encore au calcul mental.
Exemples :
19 x 58 ⟶ 20 x 60 = 1 200

132 ÷ 4 ⟶ on arrondit les 13 dizaines à 12; puisque l'on sait que 12 ÷ 4 = 3, on en conclut qu'il y aura 2 chiffres au quotient, et que le chiffre des dizaines sera 3.

Facteur premier

Voir aussi *nombre premier*.

DEVOIRS MODÈLES

1. Complète les arbres de facteurs.

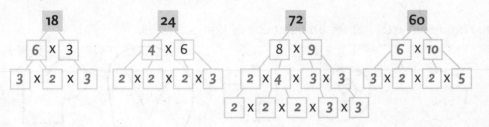

18
6 x 3
3 x 2 x 3

24
4 x 6
2 x 2 x 2 x 3

72
8 x 9
2 x 4 x 3 x 3
2 x 2 x 2 x 3 x 3

60
6 x 10
3 x 2 x 2 x 5

2. Décompose les nombres suivants en produits de facteurs premiers.

36 : 3 X 2 X 3 X 2

48 : 3 X 2 X 2 X 2 X 2

80 : 2 X 2 X 2 X 5 X 2

208 : 2 X 2 X 2 X 2 X 13

EXPLICATIONS

Les facteurs d'un nombre sont les nombres qu'on a multipliés pour obtenir ce nombre.

Exemple : 6 et 3 sont des facteurs de 18, car 6 x 3 = 18.

Un facteur premier est un facteur qui est un nombre premier.
Pour trouver les facteurs premiers d'un nombre, on le décompose jusqu'à ce que tous les facteurs soient des nombres premiers.

La façon la plus facile pour trouver les facteurs premiers d'un nombre, c'est de construire un arbre de facteurs : on divise successivement ce nombre, en commençant par les facteurs que l'on connaît.
Exemples :

18
6 x 3
3 x 2 x 3

208
104 x 2
52 x 2 x 2
26 x 2 x 2 x 2
13 x 2 x 2 x 2 x 2

Figure plane

Voir aussi *angle, polygone, cercle.*

DEVOIRS MODÈLES

1. Entoure la figure plane qui correspond à l'énoncé.

Une figure ouverte, formée uniquement de lignes droites.

Une figure ouverte, formée d'une ligne courbe.

Une figure fermée, formée uniquement de lignes droites.

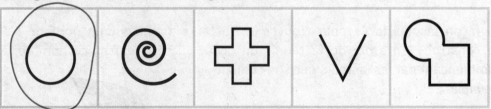

Une figure fermée, formée d'une ligne courbe.

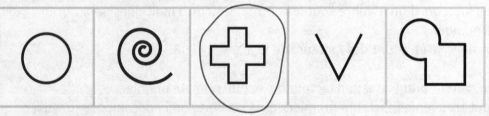

Une figure fermée, formée de lignes droites et de lignes courbes.

2. Vrai ou faux ?

		Vrai	Faux
a)	Toutes les figures planes sont des polygones.		✕
b)	Tous les polygones sont des figures planes.	✕	
c)	Tous les quadrilatères sont des figures planes.	✕	
d)	Les prismes et les pyramides sont des figures planes.		✕

EXPLICATIONS

Une figure plane est une figure à deux dimensions. Elle peut être composée de lignes courbes ou de lignes brisées, de lignes ouvertes ou de lignes fermées.

Exemples :

	Ligne courbe ouverte		Ligne brisée ouverte
	Ligne courbe fermée		Ligne brisée fermée

Les principales figures planes

Les angles	*Les polygones*	*Le cercle*
Angle aigu	Triangles	
Angle droit	Quadrilatères Carré Losange Rectangle Trapèze Parallélogramme	
Angle obtus	Pentagone Hexagone	

Fraction

Voir aussi *division*.

DEVOIRS MODÈLES

1. Écris la fraction représentée par la partie coloriée.

$\dfrac{1}{4}$	$\dfrac{3}{4}$	$\dfrac{2}{3}$	$\dfrac{4}{4}$ ou 1	$\dfrac{2}{4}$ ou $\dfrac{1}{2}$
$\dfrac{7}{10}$	$\dfrac{5}{8}$	$\dfrac{3}{7}$	$\dfrac{5}{5}$ ou 1	$\dfrac{3}{6}$ ou $\dfrac{1}{2}$

2. Colorie les figures ou les illustrations pour représenter la fraction indiquée.

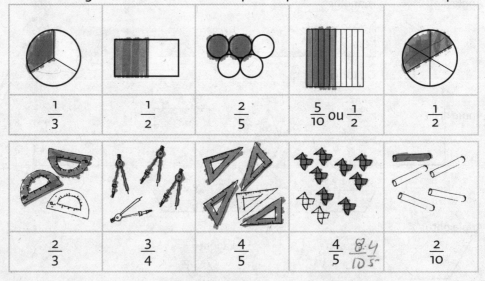

$\dfrac{1}{3}$	$\dfrac{1}{2}$	$\dfrac{2}{5}$	$\dfrac{5}{10}$ ou $\dfrac{1}{2}$	$\dfrac{1}{2}$
$\dfrac{2}{3}$	$\dfrac{3}{4}$	$\dfrac{4}{5}$	$\dfrac{4}{5}$ $\dfrac{8\cdot4}{10\,5}$	$\dfrac{2}{10}$

$$\frac{1}{5} \xrightarrow{\times 2} = \frac{2}{10}$$

3. Colorie les parties indiquées, puis compare les fractions à l'aide des signes **>**, **<** ou **=**.

$\dfrac{1}{2}$ $<$ $\dfrac{2}{3}$ $\qquad$ $\dfrac{1}{3}$ $=$ $\dfrac{2}{6}$ $\qquad$ $\dfrac{1}{4}$ $>$ $\dfrac{2}{12}$

4. Effectue les multiplications.

$$\dfrac{1}{6} \times 2 = \dfrac{2}{6} \left(= \dfrac{1}{3}\right) \qquad \dfrac{3}{5} \times 5 = \dfrac{15}{5} (= 3)$$

$$\dfrac{1}{4} \times 12 = \dfrac{12}{4} (= 3) \qquad \dfrac{1}{100} \times 30 = \dfrac{30}{100} \left(= \dfrac{3}{10}\right)$$

5. Il y a 24 élèves dans la classe de monsieur Castonguay. Ce matin, le quart de la classe n'a pas fait ses devoirs. Combien d'élèves n'ont pas fait leurs devoirs ?

Démarche	Réponse
$\dfrac{1}{4}$ de 24 = 24 ÷ 4 = 6	6 élèves

Parmi ceux qui ont fait leurs devoirs, les $\dfrac{2}{3}$ ont copié sur Louis. Combien d'élèves ont copié sur Louis ?

Démarche	Réponse
24 – 6 = 18 → $\dfrac{2}{3}$ de 18 = (18 × 2) ÷ 3 = 12	12 élèves

EXPLICATIONS

Lorsque l'on partage un tout en parties **équivalentes** (égales), chaque partie s'appelle une fraction.

Dans une fraction, le nombre du bas s'appelle le **dénominateur**, il représente en combien de parties égales on a partagé le tout ; le nombre du haut s'appelle le **numérateur**, il représente le nombre de parties prélevées sur le tout.

Exemples : $\dfrac{2}{3}$

Le numérateur indique que l'on prélève 2 parties du tout. Le dénominateur indique que l'on a partagé le tout en 3 parties égales, ou que le tout contient 3 parties.

Truc

Pour te souvenir que le **nu**mérateur est le nombre du haut, pense à **nuage**.

Lorsque l'on partage un tout en 2 parties égales, chaque partie s'appelle « un demi ». On écrit $\dfrac{1}{2}$.

Lorsque l'on partage un tout en 3 parties égales, chaque partie s'appelle « un tiers ». On écrit $\dfrac{1}{3}$.

Lorsque l'on partage un tout en 4 parties égales, chaque partie s'appelle « un quart ». On écrit $\dfrac{1}{4}$.

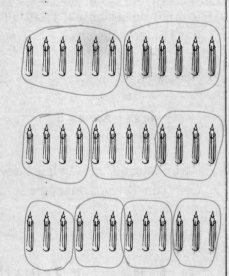

Deux fractions différentes peuvent représenter la même quantité. On dit alors qu'elles sont équivalentes.

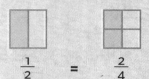

$$\frac{1}{2} \quad = \quad \frac{2}{4}$$

Lorsque le numérateur est plus petit que le dénominateur, la fraction est inférieure à 1.

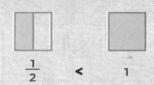

$$\frac{1}{2} \quad < \quad 1$$

Lorsqu'une fraction a le même nombre au numérateur et au dénominateur, elle est égale à 1.

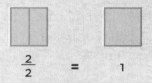

$$\frac{2}{2} \quad = \quad 1$$

Pour multiplier une fraction par un nombre, on ne multiplie que le numérateur de la fraction par ce nombre.

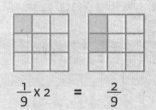

$$\frac{1}{9} \times 2 \quad = \quad \frac{2}{9}$$

Pour calculer la fraction d'un nombre, on multiplie ce nombre par le numérateur, puis on divise le produit par le dénominateur.

Les $\frac{2}{3}$ de 18 $\longrightarrow$ 18 x 2 = 36 $\qquad$ 36 ÷ 3 = **12**

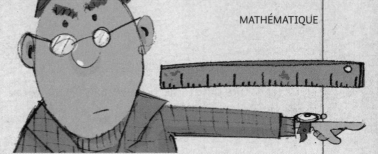

Longueur

DEVOIRS MODÈLES

1. Écris l'unité de mesure la plus appropriée pour mesurer chaque objet, dans la réalité.

La hauteur d'un panier de basket :	La largeur d'un journal :	La longueur d'une calculatrice :	La longueur d'une fourmi :
_m_	_dm_	_cm_	_mm_

2. Mesure chaque crayon avec une règle et remplis les cases.

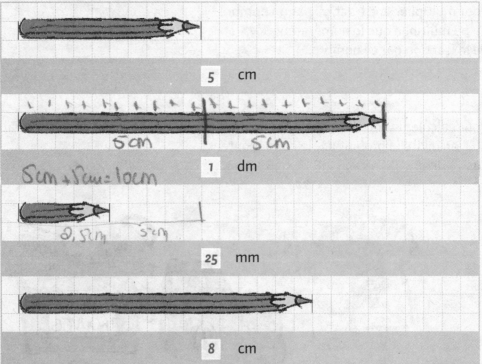

5	cm

5 cm   5 cm

5 cm + 5 cm = 10 cm

1	dm

2,5 cm   5 cm

25	mm

8	cm

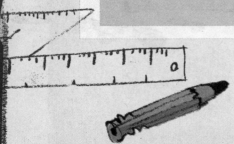

3. Classe les mesures dans l'ordre croissant.

| 4 dm | 25 cm | 2 m | 6 cm | | 5 dm | 21 mm | 35 cm | 18 cm | 4 m |

6 cm, 25 cm, 4 dm, 2 m   21 mm, 18 cm, 35 cm, 5 dm, 4 m

4. Complète le tableau des équivalences.

m	dm	cm	mm
4	40	400	4 000
2,54	25,4	254	2 540
2	20	200	2 000
3,54	35,4	354	3 540

5. Calcule le périmètre de chaque figure.

⊢———⊣ = 1 cm

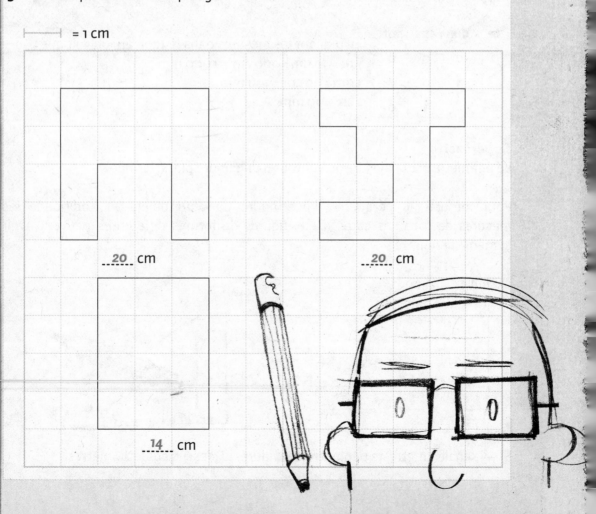

20 cm

20 cm

14 cm

EXPLICATIONS

La longueur est la grandeur d'une ligne, d'un objet.

L'unité de mesure des longueurs est le mètre.
Pour mesurer des longueurs, on utilise le mètre (m), le décimètre (dm),
le centimètre (cm) ou le millimètre (mm).

Exemples :
La longueur de tes bras écartés est d'environ 1 mètre (1 m).
La longueur de ta main est d'environ 1 décimètre (1 dm).
La largeur de ton doigt est d'environ 1 centimètre (1 cm).
La largeur d'un grain de riz est d'environ 1 millimètre (1 mm).

Dans un mètre, il y a 10 décimètres. Dans un décimètre, il y a 10 centimètres.
Dans un centimètre, il y a 10 millimètres.

Pour convertir une unité de mesure dans une autre unité,
on peut s'aider d'un tableau.

m	dm	cm	mm
1	0	0	0
	1	0	0
		1	0

En plaçant les mesures dans le tableau, on voit que :
1 m = 10 dm = 100 cm = 1 000 mm
1 dm = 10 cm = 100 mm
1 cm = 10 mm

Le périmètre

Le périmètre est la mesure du contour d'une figure plane fermée.

Pour mesurer le périmètre d'une figure ou d'un objet, on additionne les mesures de tous ses côtés. Deux figures de formes différentes peuvent avoir le même périmètre.

Exemple :

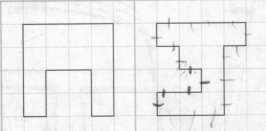
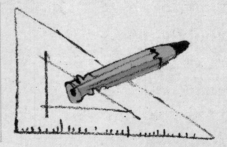

Si ⟶ égale 1 mètre, le périmètre des figures ci-dessus égale 20 mètres.

Losange

Voir aussi *figure plane*.

DEVOIRS MODÈLES

1. Parmi les polygones suivants, entoure les losanges.

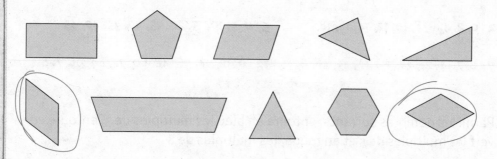

2. Vrai ou faux ?

		Vrai	Faux
a)	Un losange a cinq côtés.		X
b)	Les côtés opposés d'un losange sont parallèles.	X	
c)	Un losange a 4 côtés congrus.	X	
d)	Un losange a toujours 4 angles aigus.		X

EXPLICATIONS

Un losange est un quadrilatère dont les quatre côtés sont congrus (égaux).

Dans un losange, les côtés opposés sont parallèles.

Dans un losange, les angles peuvent être droits ou non.

Exemple :

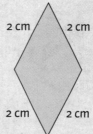

2 cm 2 cm
2 cm 2 cm

Note

Si une figure a quatre côtés égaux et quatre angles droits, c'est toujours un losange, mais on lui donne alors un autre nom : le carré.

Multiple d'un nombre

Voir aussi *multiplication*.

DEVOIRS MODÈLES

1. Trouve les 10 premiers multiples des nombres suivants.

2 : 0, 2, 4, 6, 8, 10, 12, 14, 16, 18   **5** : 0, 5, 10, 15, 20, 25, 30, 35, 40, 45

7 : 0, 7, 14, 21, 28, 35, 42, 49, 56, 63   **12** : 0, 12, 24, 36, 48, 60, 72, 84, 96, 108

2. Parmi les nombres suivants, entoure en bleu les multiples de 3, entoure en vert les multiples de 5 et en rouge, les multiples de 8.

64   42   104   9   110   78   27   56   55   71   85

EXPLICATIONS

Un multiple d'un nombre est un nombre qui contient exactement 0 fois, 1 fois ou plusieurs fois ce nombre.

Exemple : 6 est un multiple de 3 parce qu'il contient exactement 2 fois le nombre 3.

Pour trouver les multiples d'un nombre, on multiplie ce nombre par 0, 1, 2, 3, etc.

Exemple :

Les multiples de 2 : 0 (2 x 0), 2 (2 x 1), 4 (2 x 2), 6 (2 x 3), 8, (2 x 4), 10 (2 x 5), 12 (2 x 6), etc.

Attention !

Zéro est le multiple de tous les nombres, puisque n'importe quel nombre multiplié par zéro égale zéro.

Multiplication

Voir aussi *multiple*.

DEVOIRS MODÈLES

1. Écris la multiplication qui correspond à chaque illustration.

$$2 \times 4 = 8$$

$$4 \times 2 = 8$$

2. Écris la multiplication qui correspond à chaque série d'additions.

3 + 3 + 3	3 X 3
6 + 6 + 6 + 6 + 6	5 X 6

4 + 4 + 4	3 X 4
5 + 5 + 5 + 5	4 X 5

3. Effectue les multiplications.

```
    2 3          3 1          5 0          3 4 1
  X   2        X   5        X   4        X     2
    4 6        1 5 5        2 0 0        6 8 2
```

```
    2 6          5 3          3 9            8 7
  X   3        X   6        X   7        X     8
    7 8        3 1 8        2 7 3        6 9 6
```

```
    5 2          2 4          5 8            8 7
  X 6 1        X 3 5        X 4 3        X   9 6
    5 2        1 2 0        1 7 4        5 2 2
+ 3 1 2      + 7 2      + 2 3 2      + 7 8 3
  3 1 7 2      8 4 0      2 4 9 4      8 3 5 2
```

4. Effectue la multiplication, puis écris l'opération inverse.

		8
x		2
1	6	

$16 \div 2 = 8$

	4	5
x		5
2	2	5

$225 \div 5 = 45$

	4	1
x		8
3	2	8

$328 \div 8 = 41$

	1	2	8
x			3
	3	8	4

$384 \div 3 = 128$

5. Trouve le terme manquant.

		6
x		4
	2	4

		8
x		5
	4	0

	1	2
x		4
	4	8

		2
x	3	4
	6	8

	8	4
x		2
1	6	8

	4	8
x		9
4	3	2

1	0	8
x		4
4	3	2

	4	3
x	1	0
4	3	0

6. Résous les problèmes suivants.

Louis a fait son devoir de math en 5 minutes. Amédée a fait le même devoir en 6 fois plus de temps. En combien de temps Amédée a-t-il fait son devoir?

Démarche	Réponse
6 x 5 = 30	*30 minutes*

L'année scolaire dure 180 jours. Amédée fait 3 bêtises par jour.
Combien de bêtises fait-il dans une année scolaire?

Démarche	Réponse
3 x 180 = 540	*540 bêtises*

EXPLICATIONS

La multiplication est une des quatre opérations.

Le sens de la multiplication

La multiplication remplace l'addition de plusieurs nombres identiques. Lorsque l'on veut additionner plusieurs fois la même quantité, on peut faire une multiplication au lieu de faire une addition.

Exemple :

| 3 | + | 3 | + | 3 | + | 3 | = | 12 |

4 X 3 = 12

Ici, on a additionné quatre fois le nombre 3, ce qui correspond à la multiplication 4 x 3 = 12, qui se lit « quatre fois trois égale douze ».

Chaque terme d'une multiplication s'appelle un facteur.
Le résultat d'une multiplication s'appelle le produit.
Exemple :

4   X   3   =   12

facteur   facteur   produit

Comme l'addition, la multiplication est **commutative**, c'est-à-dire que l'on peut changer l'ordre des termes d'une multiplication sans que cela change le produit.
Exemple :

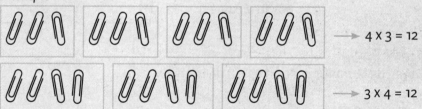

→ 4 X 3 = 12

→ 3 X 4 = 12

Comme l'addition, la multiplication est **associative**, c'est-à-dire que l'on peut multiplier les facteurs en les regroupant de plusieurs façons.
Exemple :

3 X 2 X 4 = 24   (3 X 2) X 4 = 24   3 X (2 X 4) = 24

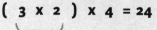

6   8

Comment multiplier

Pour multiplier un nombre par un nombre à 1 chiffre, on multiplie d'abord les unités, puis on multiplie les dizaines, ensuite les centaines, etc.

Exemples :

	3	4	1
	x		2
	6	8	2

On multiplie d'abord les unités : 2 x 1 = 2 unités
On multiplie ensuite les dizaines : 2 x 4 = 8 dizaines (80)
On multiplie ensuite les centaines : 2 x 3 = 6 centaines (600)
Le produit est donc égal à 2 + 80 + 600 = 682.

	1	
	2	6
x		3
	7	8

La multiplication des unités : 3 x 6 = 18, c'est-à-dire
1 dizaine et 8 unités.
On écrit 8 à la position des unités.
On multiplie ensuite les dizaines 3 x 2 = 6
auxquelles on ajoute la dizaine retenue (6 + 1 = 7).
Le produit est donc égal à 8 + 70 = 78.

Pour multiplier un nombre par un nombre à 2 chiffres, on multiplie d'abord ce nombre par les unités, puis par les dizaines. Ensuite, on additionne les produits obtenus.

Exemple :

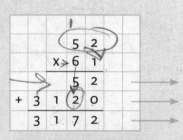

52 x 1   (1 unité)
52 x 60   (6 dizaines)
52 + 3 120

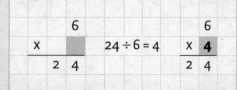

L'opération inverse de la multiplication est la division.
Exemple :

8 x 2 = 16 ⟶ 16 ÷ 2 = 8

Pour trouver le terme manquant d'une multiplication, il faut faire l'opération inverse, c'est-à-dire une division : on divise le produit par le nombre que l'on connaît.
Exemples :

		6					6
	x				x	**4**	
	2	4			2	4	

24 ÷ 6 = 4

								8	**4**
	x	2				x			2
	1	6	8			1	6	8	

168 ÷ 2 = 84

Nombre carré

DEVOIR MODÈLE

1. Parmi les nombres suivants, entoure les nombres carrés.

(1) 2 3 (4) 5 6 7 8 (9) 10 11 12 13 14 15 (16) 17 18 19 20

21 22 23 24 (25) 26 27 28 29 30 31 32 33 34 35 (36) 37 38 39 40

41 42 43 44 45 46 47 48 (49) 50 51 52 53 54 55 56 57 58 59 60

61 62 63 (64) 65 66 67 68 69 70 71 72 73 74 75 76 77 78 79 80

(81) 82 83 84 85 86 87 88 89 90 91 92 93 94 95 96 97 98 99 (100)

EXPLICATIONS

Un nombre carré est le produit d'un nombre multiplié par lui-même.

Exemples :

1 est le carré de 1	$(1 \times 1 = 1)$	**36** est le carré de 6	$(6 \times 6 = 36)$
4 est le carré de 2	$(2 \times 2 = 4)$	**49** est le carré de 7	$(7 \times 7 = 49)$
9 est le carré de 3	$(3 \times 3 = 9)$	**64** est le carré de 8	$(8 \times 8 = 64)$
16 est le carré de 4	$(4 \times 4 = 16)$	**81** est le carré de 9	$(9 \times 9 = 81)$
25 est le carré de 5	$(5 \times 5 = 25)$	**100** est le carré de 10	$(10 \times 10 = 100)$

Nombres décimaux

Voir aussi *fraction*.

DEVOIRS MODÈLES

1. Colorie la figure pour qu'elle représente le nombre décimal.

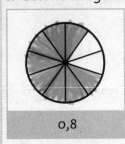

0,8

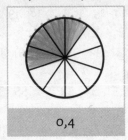

0,4

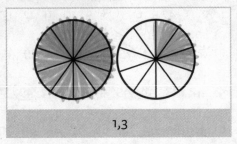

1,3

2. Écris sous forme de nombres décimaux.

un dixième : 0,1   trente-deux unités et quatre centièmes : 32,04

vingt-trois dixièmes : 2,3   un centième : 0,01

cinq centièmes : 0,05   trois cent vingt-cinq centièmes : 3,25

trois unités et six dixièmes : 3,6   quatre dixièmes : 0,4

3. Écris les nombres décimaux suivants dans le tableau en plaçant les chiffres à la bonne position.

1,3	1,03	25,6	34,26	128,07	

centaines	dizaines	unités		dixièmes	centièmes
		1	,	3	
		1	,	0	3
	2	5	,	6	
	3	4	,	2	6
1	2	8	,	0	7

4. Effectue les additions et les soustractions.

$$\begin{array}{r} {}^{1} \\ 2,7 \\ +\ 1,6 \\ \hline 4,3 \end{array} \qquad \begin{array}{r} 0,50 \\ +\ 4,35 \\ \hline 4,85 \end{array} \qquad \begin{array}{r} {}^{1}\ {}^{1} \\ 5,35 \\ +\ 0,75 \\ \hline 6,10 \end{array} \qquad \begin{array}{r} {}^{2} \\ \cancel{3},\ {}^{1}08 \\ -\ 2,74 \\ \hline 0,34 \end{array} \qquad \begin{array}{r} {}^{4} \\ 8,\cancel{5}\ 14 \\ -\ 0,35 \\ \hline 8,19 \end{array}$$

EXPLICATIONS

Les nombres décimaux correspondent à des fractions dont le dénominateur est 10 ou 100.

Un dixième est une partie d'un entier que l'on a divisé en 10 parties égales :
$$\frac{1}{10} = 1 \div 10 = 0{,}1$$

Un centième est une partie d'un entier que l'on a divisé en 100 parties égales :
$$\frac{1}{100} = 1 \div 100 = 0{,}01$$

Exemples :

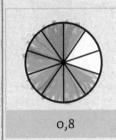 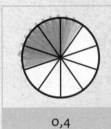 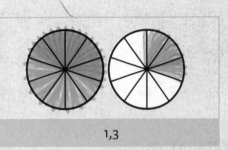

| 0,8 | 0,4 | 1,3 |

Dans un nombre décimal, les chiffres à gauche de la virgule représentent les entiers (unités, dizaines, centaines…), les chiffres à droite de la virgule représentent les parties plus petites qu'un entier (dixièmes, centièmes).

centaines	dizaines	unités		dixièmes	centièmes
7	4	5	**,**	3	2

Pour additionner ou soustraire des nombres décimaux, il faut bien aligner les virgules l'une sous l'autre afin d'être sûr d'additionner ou de soustraire les nombres qui occupent la même position. Pour se faciliter la tâche, on peut ajouter un zéro aux positions qui ne sont pas occupées.

Exemples :

```
    0 , 5 0          ²3̶ , ₁0 8
  + 4 , 3 5          - 2 , 7 4
  ─────────          ─────────
    4 , 8 5            0 , 3 4
```

Nombre premier

DEVOIR MODÈLE

1. Parmi les nombres suivants, entoure les nombres premiers.

1 ②③ 4 ⑤ 6 ⑦ 8 9 10 ⑪ 12 ⑬ 14 15 16 ⑰ 18 ⑲ 20

21 22 ㉓ 24 25 26 27 28 ㉙ 30 ㉛ 32 33 34 35 36 ㊲ 38 39 40

㊶ 42 ㊸ 44 45 46 ㊼ 48 49 50 51 52 ㊳ 54 55 56 57 58 ㊵ 60

㊶ 62 63 64 65 66 ㊸ 68 69 70 ㊼ 72 ㊳ 74 75 76 77 78 ㊹ 80

81 82 ㊸ 84 85 86 87 88 ㊹ 90 91 92 93 94 95 96 ㊾ 98 99 100

EXPLICATIONS

Un nombre premier est un nombre qui a uniquement **deux** diviseurs :
1 et **lui-même**.

Exemples :
2 est un nombre premier parce qu'il a deux diviseurs : 1 et 2.
4 n'est pas un nombre premier parce qu'il a trois diviseurs : 1, 2 et 4.

Attention !

1 n'est pas un nombre premier parce qu'il n'a qu'un
seul diviseur : 1.
0 n'est pas un nombre premier parce que tous les
nombres sont ses diviseurs.

Les 25 nombres premiers inférieurs à 100 sont :
2, 3, 5, 7, 11, 13, 17, 19, 23, 29, 31, 37, 41, 43, 47, 53, 59, 61, 67, 71, 73, 79, 83, 89, 97.

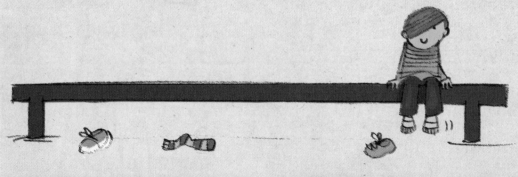

Parallèles

Voir aussi *figure plane, solide.*

DEVOIRS MODÈLES

1. Surligne en bleu les lignes parallèles.

2. Pour chaque figure, surligne d'une même couleur les côtés parallèles.

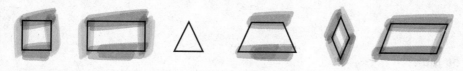

3. Pour chaque solide, surligne en bleu les faces parallèles.

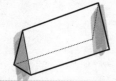

EXPLICATIONS

Des lignes sont parallèles lorsqu'elles ont toujours le même espace entre elles : tous leurs points sont situés à égale distance les uns des autres, elles ne pourront jamais se rencontrer.

Exemple : _____

Les figures planes peuvent avoir des côtés parallèles. Les solides peuvent avoir des faces parallèles.

Exemples :

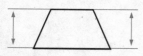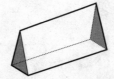

Parallélogramme

Voir aussi *figure plane, polygone, quadrilatère.*

DEVOIRS MODÈLES

1. Parmi les polygones suivants, entoure les parallélogrammes.

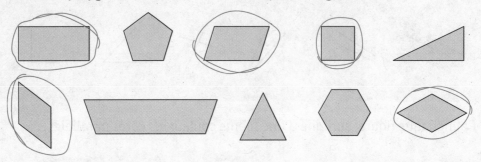

2. Vrai ou faux ?

		Vrai	Faux
a)	Un parallélogramme a cinq côtés.		✕
b)	Les côtés opposés d'un parallélogramme sont parallèles.	✕	
c)	Un parallélogramme a quatre côtés congrus.		✕
d)	Un parallélogramme a toujours quatre angles aigus.		✕

EXPLICATIONS

Un parallélogramme est un quadrilatère dont les côtés opposés sont parallèles.

Dans un parallélogramme, les côtés opposés et les angles opposés sont congrus (égaux).

Exemple :

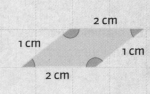

Perpendiculaires

Voir aussi *angle, figure plane, solide*.

DEVOIRS MODÈLES

1. Colorie en bleu les lignes perpendiculaires.

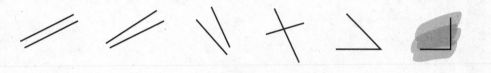

2. Pour chaque figure, surligne en bleu les côtés perpendiculaires.

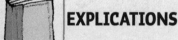

3. Entoure les solides dont les faces **a** et **b** sont perpendiculaires.

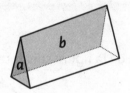

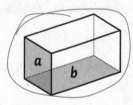

EXPLICATIONS

Des lignes sont perpendiculaires lorsqu'elles se coupent en formant un angle droit.

Les figures planes peuvent avoir des côtés perpendiculaires.

Les solides peuvent avoir des faces perpendiculaires.

Plan cartésien

DEVOIRS MODÈLES

1. Trace dans le plan cartésien une figure dont les coordonnées des sommets sont les suivantes : (5, 3) ; (10, 3) ; (5, 5) ; (10, 5).

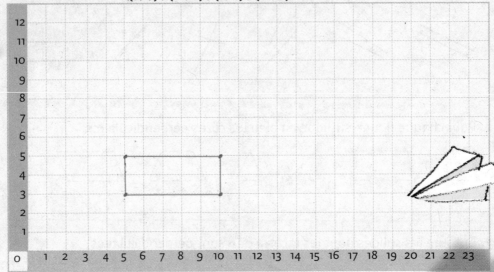

2. Indique les coordonnées des sommets de la figure suivante.

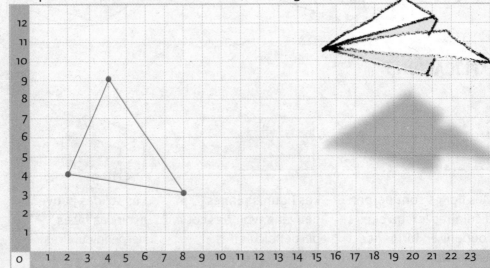

Coordonnées : (2, 4); (4, 9); (8, 3)

EXPLICATIONS

Un plan cartésien est un plan délimité par deux droites perpendiculaires numérotées que l'on appelle les axes du plan.

Le plan cartésien permet de situer l'emplacement d'un point sur une surface plane à l'aide de deux nombres appelés les coordonnées du point :
- le premier nombre correspond à la position du point par rapport à l'axe horizontal.
- le deuxième nombre correspond à la position du point par rapport à l'axe vertical.

Exemple :

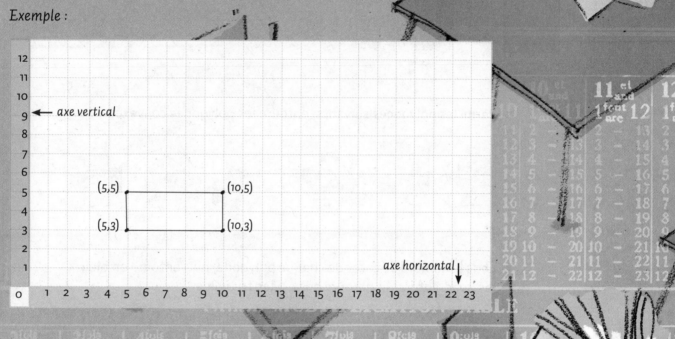

Polygone

Voir aussi *figure plane*.

DEVOIRS MODÈLES

1. Parmi les figures planes illustrées ci-dessous, entoure les polygones.

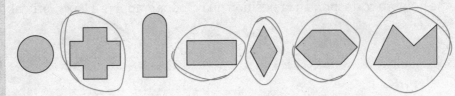

2. Parmi les polygones suivants, entoure les polygones convexes.

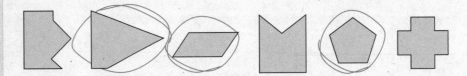

3. Écris le nombre de côtés de chaque polygone, puis entoure en bleu les quadrilatères et entoure en vert les triangles.

....7.. côtés   ....4.. côtés   ....5.. côtés   ....3.. côtés

....4.. côtés   ....4.. côtés   ....3.. côtés   ....5.. côtés

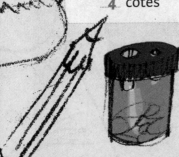

EXPLICATIONS

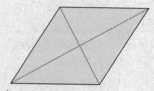

Un polygone est une figure plane fermée à plusieurs côtés, formée uniquement de lignes droites.

Un polygone est convexe si toutes les droites tracées d'un sommet à un autre sont à l'intérieur du polygone.

Un polygone est non convexe si une droite tracée d'un sommet à un autre est à l'extérieur du polygone.

Les polygones se classent selon le nombre de côtés qu'ils possèdent.

Les principaux polygones		Exemples
3 côtés	Triangles	
4 côtés	Quadrilatères	Carré, Losange, Rectangle, Trapèze, Parallélogramme
5 côtés	Pentagones	
6 côtés	Hexagones	

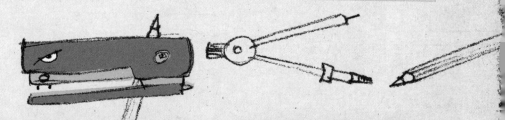

Prisme

Voir aussi *solide*.

DEVOIRS MODÈLES

1. Entoure les prismes.

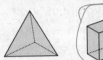   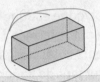

2. Écris le nom de chaque prisme, puis indique le nombre de faces, de sommets et d'arêtes qu'il possède.

prisme à base carrée	prisme à base rectangulaire	prisme à base triangulaire
6 faces	6 faces	5 faces
8 sommets	8 sommets	6 sommets
12 arêtes	12 arêtes	9 arêtes

3. Dessine les figures qui manquent pour construire chaque prisme.

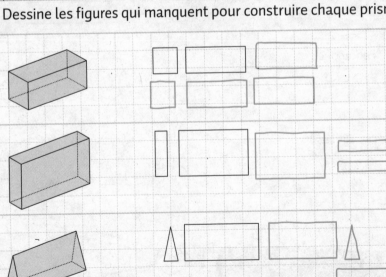
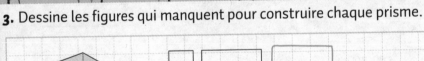

EXPLICATIONS

Les prismes sont constitués de deux polygones congrus parallèles (les bases) reliés par des parallélogrammes.

Les principaux prismes	Développements
Un **prisme à base carrée** a 6 faces dont 2 carrés de mêmes dimensions, 12 arêtes et 8 sommets.	
Un **prisme à base rectangulaire** a 6 faces dont 2 rectangles de mêmes dimensions, 12 arêtes et 8 sommets.	
Un **prisme à base triangulaire** a 5 faces dont 2 triangles de mêmes dimensions, 9 arêtes et 6 sommets.	

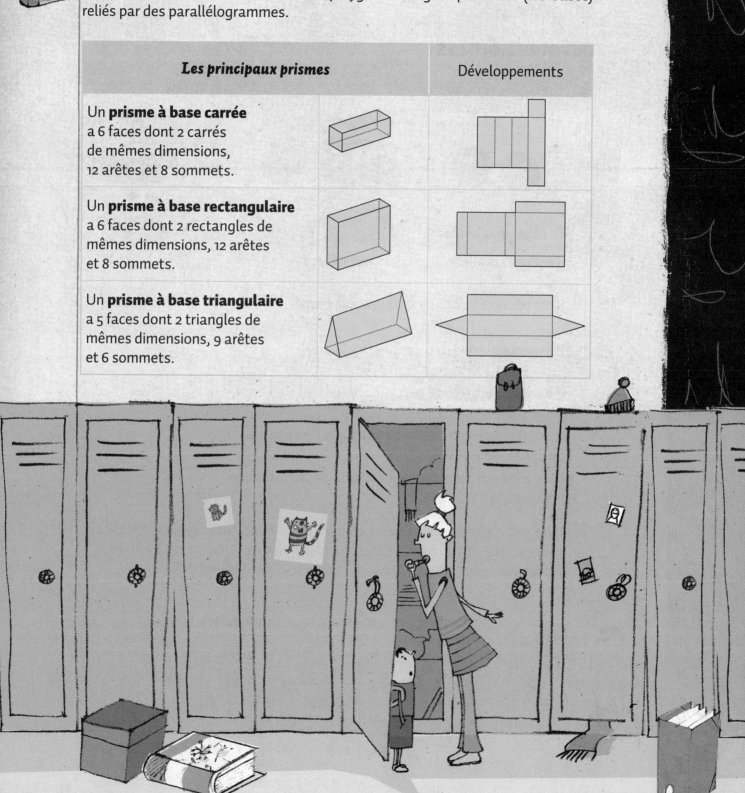

Probabilité

Voir aussi *statistique*.

DEVOIRS MODÈLES

1. Observe le sac de boules ci-dessous, puis réponds par vrai ou faux.

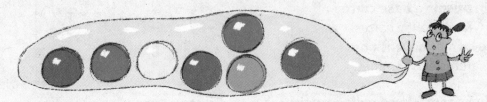

Tu piges une boule.	Vrai	Faux
Il est certain que tu piges une boule rouge.		X
Il est possible que tu piges une boule brune.		X
Il est possible que tu piges une boule bleue.	X	
Il est plus probable de piger une boule bleue qu'une boule jaune.	X	
Il est également probable de piger une boule jaune ou une boule verte.	X	
Il est moins probable de piger une boule jaune qu'une boule rouge.	X	

2. Notre prof d'anglais, miss Lipton, et notre prof d'éducation physique, monsieur Trudel, se marient au mois de mai prochain. Miss Lipton aimerait avoir deux enfants. Remplis l'arbre ci-dessous et donne toutes les probabilités.

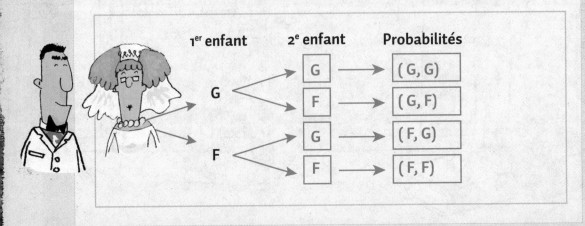

EXPLICATIONS

Les probabilités servent à établir si un événement peut se produire ou non et combien de chances il a de se produire.

Il peut être **certain, possible** ou **impossible** qu'un événement se produise.

Dans le cas d'événements possibles, il peut être plus probable, moins probable ou également probable qu'un événement se produise plutôt qu'un autre.

Exemple : Si l'on pige une boule dans le sac ci-dessous :

il est **certain** que l'on pige
une boule de couleur
(il n'y a que des boules de couleur) ;

il est **impossible** de piger
une boule brune
(il n'y a pas de boule brune) ;

il est **possible** de piger
une boule bleue, une rouge,
une jaune ou une verte ;

il est **moins probable** de piger
une boule verte ou une boule jaune
(il n'y a qu'une seule boule verte
et une seule boule jaune) ;

il est **plus probable** de piger
une boule bleue
(il y a plus de boules bleues) ;

il est **également probable** de piger une
boule verte ou une boule jaune
(il y a autant de boules vertes
que de boules jaunes) ;

On peut dénombrer toutes les combinaisons possibles d'événements en utilisant un diagramme en arbre.

Exemple : Voici toutes les combinaisons possibles pour des parents qui désirent avoir deux enfants.

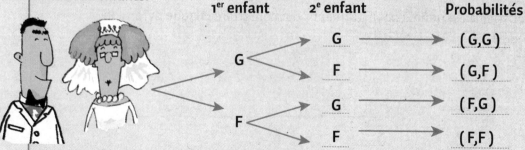

Si le 1er enfant est un garçon (G), le 2e peut être un garçon (G), ce qui donne la probabilité (G, G), ou il peut être une fille (F), ce qui donne la probabilité (G, F).

Si le 1er enfant est une fille (F), le 2e peut être un garçon (G), ce qui donne la probabilité (F, G), ou il peut être une fille (F), ce qui donne la probabilité (F, F).

Pyramide

Voir aussi *solide*.

DEVOIRS MODÈLES

1. Entoure les pyramides.

  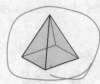

2. Écris le nom de chaque pyramide, puis indique le nombre de faces, de sommets et d'arêtes qu'elle possède.

pyramide à base carrée	_pyramide à base triangulaire_
5 faces	4 faces
5 sommets	4 sommets
8 arêtes	6 arêtes

3. Dessine les figures qui manquent pour construire chaque pyramide.

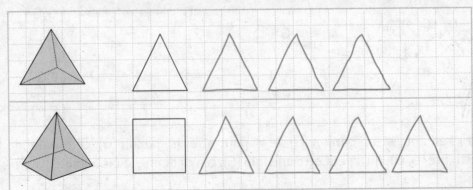

EXPLICATIONS

Les pyramides sont constituées d'un polygone (la base) d'où partent des triangles qui se rejoignent à un sommet.

Les principales pyramides		Développements
Une **pyramide à base carrée** a 5 faces (1 base en forme de carré et 4 faces en forme de triangle), 5 sommets et 8 arêtes.		
Une **pyramide à base triangulaire** a 4 faces (1 base en forme de triangle et 3 faces en forme de triangle), 4 sommets et 6 arêtes.		

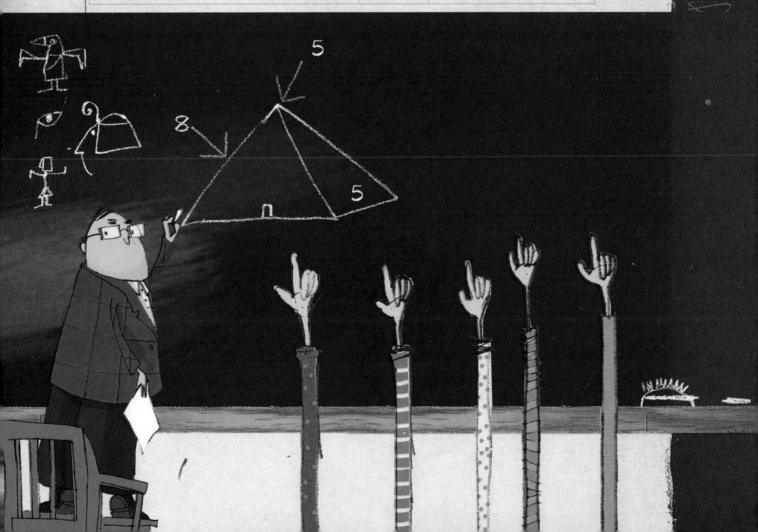

Quadrilatère

Voir aussi *figure plane, polygone.*

DEVOIRS MODÈLES

1. Parmi les polygones suivants, entoure les quadrilatères.

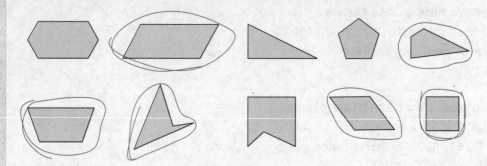

2. Pour chaque quadrilatère, coche la case ou les cases qui conviennent, puis écris le nom du quadrilatère.

		2 côtés parallèles	côtés opposés parallèles	côtés opposés congrus	4 angles congrus	4 côtés congrus
	trapèze	✕				
	parallélogramme	✕	✕	✕		
	losange	✕	✕	✕		✕
	rectangle	✕	✕	✕	✕	
	carré	✕	✕	✕	✕	✕

EXPLICATIONS

Un quadrilatère est un polygone qui a quatre côtés.
Les quadrilatères se classent selon les caractéristiques de leurs côtés
et de leurs angles.

Les principaux quadrilatères		Exemples
Trapèze	2 côtés sont parallèles.	
Parallélogramme	Les côtés opposés sont parallèles.	
Losange	Les côtés opposés sont parallèles. Les 4 côtés sont congrus.	
Rectangle	Les côtés opposés sont parallèles. Les côtés opposés sont congrus. Les 4 angles sont droits.	
Carré	Les côtés opposés sont parallèles. Les 4 côtés sont congrus. Les 4 angles sont droits.	

Rectangle

Voir aussi *figure plane, polygone, quadrilatère.*

DEVOIRS MODÈLES

1. Parmi les polygones suivants, entoure le rectangle.

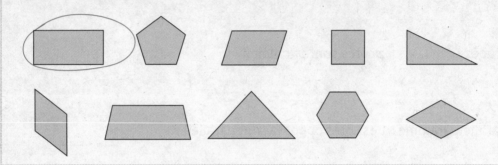

2. Vrai ou faux ?

	Vrai	Faux
a) Un rectangle a cinq côtés.		✗
b) Les côtés opposés d'un rectangle sont parallèles.	✗	
c) Un rectangle a quatre côtés congrus.		✗
d) Un rectangle a quatre angles droits.	✗	
e) Les côtés opposés d'un rectangle sont congrus.	✗	

EXPLICATIONS

Un **rectangle** est un quadrilatère dont les côtés opposés sont parallèles.

Dans un rectangle, les côtés opposés sont congrus (égaux), les 4 angles sont droits.

Exemple :

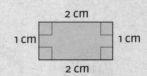

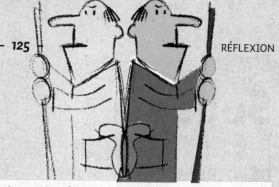

Réflexion

DEVOIRS MODÈLES

1. Reproduis chaque figure à partir de l'axe de réflexion.

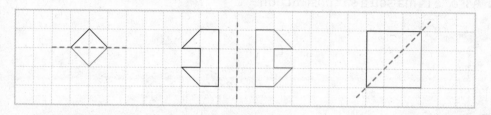

2. Sur chaque figure, trace l'axe ou les axes de réflexion.

EXPLICATIONS

La réflexion est la reproduction identique d'une figure de l'autre côté d'un axe appelé **l'axe de réflexion**. Lorsque l'on reproduit une figure par réflexion, on dit que les deux figures sont symétriques. Une figure peut avoir un ou plusieurs axes de réflexion.

Une figure reproduite par réflexion a la même forme et les mêmes dimensions que la figure de départ.

Une figure reproduite par réflexion n'a pas la même orientation que la figure de départ.

Lorsque l'on reproduit une figure par réflexion, la figure de départ et la figure reproduite sont à la même distance de l'axe.

Exemples :

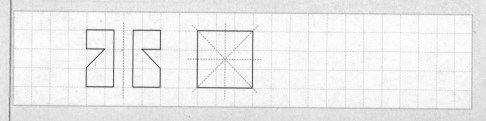

Solide

Voir aussi *prisme, pyramide.*

DEVOIRS MODÈLES

1. Associe la maison à sa construction.

Construction : B

Construction A		
Toit : △ △ △ △ ▢		
Base : ▢ ▢ ▢ / ▢ ▢ ▢		

Construction B		
Toit : △ △ / ▭ ▭		
Base : ▭ ▭ ▭ / ▭ ▭ ▭		

2. Associe chaque solide au développement correspondant.

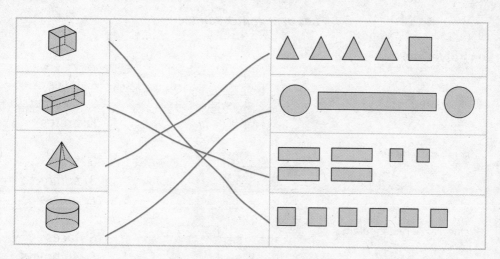

3. Écris le nom de chaque solide, puis indique le nombre de faces, de sommets et d'arêtes qu'il contient.

8 sommets 6 faces 12 arêtes	0 sommet 3 faces 2 arêtes
cube	*cylindre*
1 sommet 2 faces 1 arête	4 sommets 4 faces 6 arêtes
cône	*pyramide à base triangulaire*

EXPLICATIONS

Un solide est un objet à trois dimensions. Le cube, les prismes, les pyramides, le cylindre, le cône et la sphère sont des solides.

Dans un solide, on distingue les **faces**, les **arêtes** et les **sommets**.

Exemple :

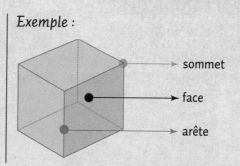

Les solides qui possèdent une **face courbe** sont appelés des **corps ronds**.
Les solides qui ne possèdent que des **faces planes** sont appelés des **polyèdres**.

Les principaux solides

Les polyèdres

Cube		
		6 faces 8 sommets 12 arêtes

Prisme à base carrée		
		6 faces 8 sommets 12 arêtes

Prisme à base rectangulaire		
	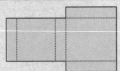	6 faces 8 sommets 12 arêtes

Prisme à base triangulaire		
	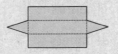	5 faces 6 sommets 9 arêtes

Pyramide à base triangulaire		
		4 faces 4 sommets 6 arêtes

Pyramide à base carrée		
		5 faces 5 sommets 8 arêtes

Les corps ronds

Cylindre		
		3 faces 0 sommet 2 arêtes

Cône		
		2 faces 1 sommet 1 arête

Sphère		
		1 face

Soustraction

Voir aussi *valeur de position d'un chiffre dans un nombre.*

DEVOIRS MODÈLES

1. Effectue les soustractions.

```
   5 4        2 3 8       5 5 4 6       8 0 4 7
 - 3 6      - 1 5 4     - 2 8 7 5     - 5 7 5 8
   1 8        0 8 4       2 6 7 1       2 2 8 9
```

2. Effectue la soustraction, puis écris l'opération inverse.

```
   7 5        3 7 9       8 5 8 3
 - 2 1      - 1 3 4     - 3 2 4 1
   5 4        2 4 5       5 3 4 2

   5 4        2 4 5       5 3 4 2
 + 2 1      + 1 3 4     + 3 2 4 1
   7 5        3 7 9       8 5 8 3
```

3. Trouve le terme manquant.

```
   4 3        5 7 8       4 8 1 3       8 9 6 9
 - 2 6      - 1 2 2     - 3 1 9 2     - 5 0 5 1
   1 7        4 5 6       1 6 2 1       3 9 1 8

   4 6        4 2 6       2 1 4 5       1 0 1 0 4
 - 2 1      - 1 6 5     - 1 9 1 1     -   4 4 2 3
   2 5        2 6 1       0 2 3 4         5 6 8 1
```

4. Trouve les chiffres manquants.

```
  2 8 1        6 7 0        5 3 4 6        8 2 7 8
- 1 0 8      - 3 4 1      - 4 0 0 0      - 1 9 5 3
  1 7 3        3 2 9        1 3 4 6        6 3 2 5
```

5. Résous le problème.

Amédée a fait 35 fautes dans sa dictée. Ursule en a fait 24 de moins. Combien Ursule a-t-elle fait de fautes dans sa dictée ? Laisse des traces de ta démarche.

Démarche	Réponse
35 - 24 = 11	11 fautes

EXPLICATIONS

La soustraction est une des quatre opérations. Soustraire, c'est enlever une quantité à une autre quantité plus grande. Le résultat d'une soustraction s'appelle une **différence**.

Exemple :

$$54 \quad - \quad 18 \quad = \quad 18$$

premier terme   deuxième terme   différence

Pour faire une soustraction, il faut :
- écrire les nombres à soustraire l'un sous l'autre en alignant les unités sous les unités, les dizaines sous les dizaines, les centaines sous les centaines ;
- soustraire d'abord les unités, puis soustraire les dizaines, puis soustraire les centaines.

Ursule la mule !

Si le chiffre des unités du nombre du bas est plus grand que le chiffre des unités du nombre du haut, il faut emprunter une dizaine au nombre du haut, faire la soustraction des unités et ensuite faire la soustraction des dizaines.

Exemple :

54 − 36

$$\begin{array}{r} {}^{4} \\ \overset{}{5} \;{}^{1}4 \\ -\; 3 \;\; 6 \\ \hline 1 \;\; 8 \end{array}$$

On ne peut pas enlever 6 unités à 4 unités.
On emprunte donc une dizaine aux 5 dizaines du nombre 54, puis on soustrait 6 à 14.
Ensuite, on soustrait les 3 dizaines de 36 aux 4 dizaines qui restent.

Si le chiffre des dizaines du nombre du bas est plus grand que le chiffre des dizaines du nombre du haut, il faut emprunter une centaine au nombre du haut, faire la soustraction des dizaines et ensuite faire la soustraction des centaines.

Exemple :

238 − 154

$$\begin{array}{r} {}^{1} \\ 2 \;{}^{1}3 \;\; 8 \\ -\; 1 \;\; 5 \;\; 4 \\ \hline 0 \;\; 8 \;\; 4 \end{array}$$

On ne peut pas enlever 5 dizaines à 3 dizaines.
On emprunte donc une centaine aux 2 centaines du nombre 238, puis on soustrait 5 à 13.
Ensuite, on soustrait la centaine de 154 à la centaine qui reste.

L'opération inverse de la soustraction est l'addition.

Exemple :

75	−	21	=	54		54	+	21	=	75

Pour trouver le **premier terme manquant** d'une soustraction, il faut additionner la différence et le terme que l'on connaît.

Exemple :

$$\begin{array}{r} ? \\ -\; 2 \; 6 \\ \hline 1 \; 7 \end{array} \qquad \begin{array}{r} 1 \; 7 \\ +\; 2 \; 6 \\ \hline 4 \; 3 \end{array} \qquad \begin{array}{r} 4 \; 3 \\ -\; 2 \; 6 \\ \hline 1 \; 7 \end{array}$$

Pour trouver le **deuxième terme manquant** d'une soustraction, il faut soustraire la différence au terme que l'on connaît.

Exemple :

$$\begin{array}{r} 6 \; 7 \\ -\; ? \\ \hline 4 \; 6 \end{array} \qquad \begin{array}{r} 6 \; 7 \\ -\; 4 \; 6 \\ \hline 2 \; 1 \end{array} \qquad \begin{array}{r} 6 \; 7 \\ -\; 2 \; 1 \\ \hline 4 \; 6 \end{array}$$

Statistique

Voir aussi *probabilité*.

DEVOIRS MODÈLES

1. Observe le diagramme à bandes, puis réponds aux questions.

Nombre de bêtises faites par Amédée en une semaine

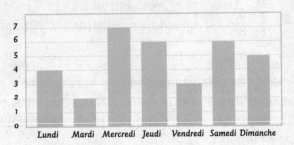

a) Quel jour Amédée a-t-il fait le plus de bêtises ?   *mercredi*

b) Quel jour Amédée a-t-il fait le moins de bêtises ? *mardi*

c) Combien de bêtises Amédée a-t-il faites jeudi ?   *6*

d) Quels jours Amédée a-t-il fait autant de bêtises ? *jeudi et samedi*

2. Louis a fait une enquête sur les sports préférés de ses amis.

Résultats

Ursule : tennis   Lancelot : tennis   Olga : natation

Gonzales : hockey   Amédée : soccer   William : tennis

Lulu : soccer   Octave : soccer   Omar : soccer

Compile les résultats dans le tableau.

Sport préféré	Nombre de personnes préférant ce sport
Hockey	1
Tennis	3
Natation	1
Soccer	4

Complète le diagramme à ligne brisée à partir des données recueillies par Louis.

Sports préférés des amis de Louis

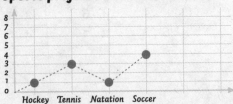

EXPLICATIONS

Les statistiques permettent de comparer différentes informations recueillies lors d'une enquête.

Différents diagrammes sont utilisés afin de comparer plus facilement ces informations entre elles et d'en tirer des conclusions.

Exemples :

Nombre de bêtises faites par Amédée en une semaine

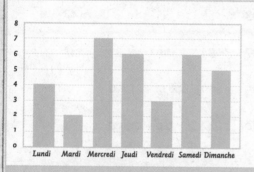

diagramme à bandes

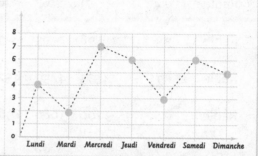

diagramme à ligne brisée

Grâce à ces diagrammes, on voit tout de suite, par exemple, que c'est mercredi qu'Amédée a fait le plus de bêtises.

Suite de nombres

DEVOIR MODÈLE

1. Trouve la règle de chaque suite, puis complète-la.

Règle :								
+ 5	25	30	35	40	45	50	55	60
- 4	71	67	63	59	55	51	47	
- 3 + 2	98	95	97	94	96	93	95	
+ 75	4 375	4 450	4 525	4 600	4 675	4 750		
- 120	3 200	3 080	2 960	2 840	2 720	2 600		

EXPLICATIONS

Une suite de nombres est un ensemble de nombres placés dans un certain ordre, selon une certaine régularité. Cette régularité s'appelle **la règle de la suite**.

Pour trouver la règle d'une suite de nombres, il faut chercher quelle opération a été effectuée pour passer d'un nombre au suivant.
Exemples :

25, 30, 35

Dans cette suite, la règle est **+ 5**, car on a ajouté 5 à chaque nombre pour obtenir le suivant.
Le prochain nombre de la suite sera donc 40 (35 + 5).

71, 67, 63, 59

Dans cette suite, la règle est **– 4**, car on a enlevé 4 à chaque nombre pour obtenir le suivant.
Le prochain nombre de la suite sera donc 55 (59 – 4).

98, 95, 97

Dans cette suite, la règle est (**– 3, +2**), car on a d'abord enlevé 3 pour obtenir le nombre suivant, puis on a ajouté 2 à ce nombre, etc.
Les prochains nombres de la suite seront donc 94 (97 – 3) et 96 (94 + 2).

Surface

DEVOIRS MODÈLES

1. Calcule l'aire de chaque figure en carrés-unités.

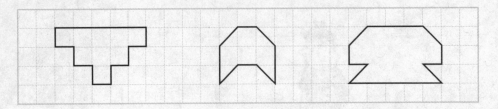

__9__ carrés-unités   __6__ carrés-unités   __13__ carrés-unités

2. Calcule l'aire de chaque figure en cm².

 = 1 cm²

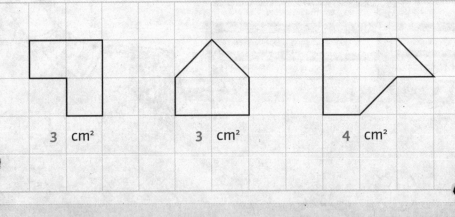

3   cm²   3   cm²   4   cm²

EXPLICATIONS

La surface est l'espace occupé par un objet ou une figure à deux dimensions. L'aire est la mesure d'une surface. Pour calculer une aire, il faut compter combien d'unités peuvent recouvrir complètement une surface.

On peut calculer l'aire d'une surface en carrés-unités. On compte alors le nombre de carrés-unités qui recouvrent complètement cette surface.

Exemple :

aire: 6 carrés-unités

On peut calculer l'aire d'une surface en unités de mesure conventionnelles, par exemple, en centimètres carrés (cm²). On compte alors le nombre de carrés mesurant 1 centimètre de côté qui recouvrent complètement cette surface.

Un centimètre carré (1 cm²) est un carré de un centimètre de côté.

1 cm
1 cm ☐ 1 cm
1 cm

Exemple :

aire: 3 carrés-unités

Deux figures peuvent avoir la même aire, mais pas la même forme ; elles n'auront alors pas le même périmètre.

Exemple :

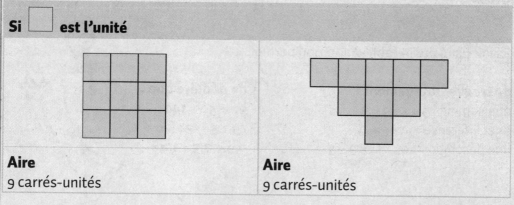

Si ☐ est l'unité

Aire
9 carrés-unités

Aire
9 carrés-unités

Table d'addition

Voir aussi *addition*.

DEVOIR MODÈLE

1. Effectue mentalement les additions ci-dessous en moins de 35 secondes.

3 + 5 = _8_	4 + 4 = _8_	7 + 3 = _10_	8 + 2 = _10_
9 + 7 = _16_	5 + 8 = _13_	3 + 8 = _11_	4 + 7 = _11_
5 + 9 = _14_	7 + 2 = _9_	8 + 6 = _14_	4 + 9 = _13_
6 + 6 = _12_	7 + 8 = _15_	7 + 6 = _13_	2 + 9 = _11_

EXPLICATIONS

Table d'addition

+	1	2	3	4	5	6	7	8	9	10
1	2	3	4	5	6	7	8	9	10	11
2	3	4	5	6	7	8	9	10	11	12
3	4	5	6	7	8	9	10	11	12	13
4	5	6	7	8	9	10	11	12	13	14
5	6	7	8	9	10	11	12	13	14	15
6	7	8	9	10	11	12	13	14	15	16
7	8	9	10	11	12	13	14	15	16	17
8	9	10	11	12	13	14	15	16	17	18
9	10	11	12	13	14	15	16	17	18	19
10	11	12	13	14	15	16	17	18	19	20

Savoir par cœur la table d'addition permet

de trouver rapidement :
une somme : 9 + 5 = 14
une différence : 14 – 5 = 9
une décomposition : 14 = 9 + 5

de déduire que :
9**0** + **5**0 = **14**0
2**9** + **5** = 34 (20 + **14**)
0,**9** + 0,**5** = **1,4**

Table de multiplication

Voir aussi *multiplication*.

DEVOIR MODÈLE

1. Effectue mentalement les multiplications ci-dessous en moins de 35 secondes.

3 x 5 = _15_	4 x 4 = _16_	7 x 3 = _21_	8 x 2 = _16_
9 x 7 = _63_	5 x 8 = _40_	3 x 8 = _24_	4 x 7 = _28_
5 x 9 = _45_	7 x 2 = _14_	8 x 6 = _48_	4 x 9 = _36_
6 x 6 = _36_	7 x 8 = _56_	7 x 6 = _42_	2 x 9 = _18_

EXPLICATIONS

Table de multiplication

x	1	2	3	4	5	6	7	8	9	10
1	1	2	3	4	5	6	7	8	9	10
2	2	4	6	8	10	12	14	16	18	20
3	3	6	9	12	15	18	21	24	27	30
4	4	8	12	16	20	24	28	32	36	40
5	5	10	15	20	25	30	35	40	45	50
6	6	12	18	24	30	36	42	48	54	60
7	7	14	21	28	35	42	49	56	63	70
8	8	16	24	32	40	48	56	64	72	80
9	9	18	27	36	45	54	63	72	81	90
10	10	20	30	40	50	60	70	80	90	100

Savoir par cœur la table de multiplication permet

de trouver rapidement :
un produit : 3 x 5 = 15
un facteur : 3 et 5 sont des facteurs de 15
un quotient : 15 ÷ 5 = 3
une décomposition : 15 = 3 x 5

de déduire que :
30 x **5**0 = 1**5**0
1**5**0 ÷ **5** = **3**0

Temps

DEVOIRS MODÈLES

1. Réponds aux questions.

    a) Combien de mois y a-t-il entre février et mai ? __2__ mois
    b) Combien y a-t-il de jours dans 2 ans ? __730__
    c) Combien y a-t-il d'heures dans une semaine ? __168__
    d) Combien y a-t-il d'heures entre 9 heures du matin et 21 heures ? __12__

2. Complète les équivalences.

120 mois = __10__ ans   120 minutes = __2__ heures
48 mois = __2__ ans   6 minutes = __360__ secondes
3 semaines = __21__ jours   4 heures = __240__ minutes
48 heures = __2__ jours   ¾ d'heure = __45__ minutes
60 secondes = __1__ minute   90 minutes = __1__ heure et __30__ minutes

3. Résous les problèmes suivants.

    a) Il est 9 h 50. Le professeur a envoyé Amédée se calmer dans le couloir pendant 15 minutes. À quelle heure pourra-t-il retourner en classe ?

Démarche	Réponse
9 heures 50 minutes + 10 minutes = 10 heures 10 heures + 5 minutes = 10 heures 5 minutes	10 h 05

    b) Nous sommes le vendredi 12 octobre. Monsieur Castonguay nous a donné 3 semaines pour faire une recherche. À quelle date devrons-nous la lui remettre ?

Démarche	Réponse
12 + 7 jours (1 semaine) → 19 octobre 19 + 7 jours (1 semaine) → 26 octobre 26 + 7 jours (1 semaine : 5 jours du 26 au 31 octobre + 2 jours du 31 oct. au 2 nov.) → 2 novembre	le vendredi 2 novembre

EXPLICATIONS
Les durées
Une année dure 365 jours.

Cela correspond au temps que met la Terre pour tourner autour du Soleil.
Mais, en réalité, la Terre met 365 jours et un quart pour faire le tour du Soleil. Tous les quatre ans, on ajoute donc une journée au calendrier, et l'année a 366 jours. C'est ce que l'on appelle une année bissextile. Ces années-là, le mois de février a 29 jours au lieu de 28 jours.

Une année dure 12 mois :

janvier	février	mars	avril	mai	juin
juillet	août	septembre	octobre	novembre	décembre

À part le mois de février qui a 28 jours (ou 29 les années bissextiles), les mois ont 30 ou 31 jours. Voici un truc pour savoir quels sont les mois de 30 jours et quels sont ceux de 31 jours : ferme le poing, la première bosse correspond au mois de janvier, qui a 31 jours, ensuite, chaque creux correspond à un mois de 30 jours, chaque bosse à un mois de 31 jours, jusqu'au dernier mois de l'année, le mois de décembre.

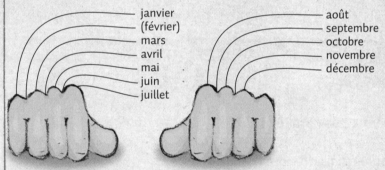

Une année dure 52 semaines.

Dans une année, il y a 4 saisons :

le printemps du 21 mars au 21 juin	**l'été** du 22 juin au 22 septembre
l'automne du 23 septembre au 21 décembre	**l'hiver** du 22 décembre au 20 mars

Une semaine dure 7 jours :

lundi	mardi	mercredi	jeudi	vendredi	samedi	dimanche

Un jour dure 24 heures. C'est le temps que met la Terre pour tourner sur elle-même.
Une heure dure 60 minutes.
Une minute dure 60 secondes.

Trapèze

Voir aussi *figure plane, polygone, quadrilatère*.

DEVOIRS MODÈLES

1. Parmi les polygones suivants, entoure les trapèzes.

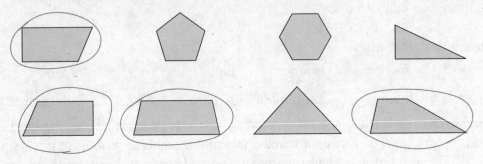

2. Vrai ou faux ?

	Vrai	Faux
a) Un trapèze a cinq côtés.		✗
b) Un trapèze a deux côtés parallèles.	✗	
c) Un trapèze a toujours quatre côtés congrus.		✗
d) Un trapèze peut avoir un angle droit.	✗	

EXPLICATIONS

Un trapèze est un quadrilatère qui a deux côtés parallèles.

Un trapèze peut avoir un angle droit.

Exemple :

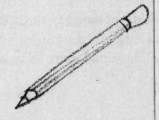

Triangle

Voir aussi *figure plane, polygone*.

DEVOIR MODÈLE

1. Parmi les polygones suivants, entoure les triangles.

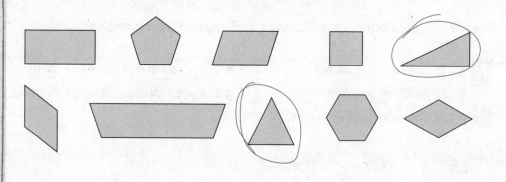

EXPLICATIONS

Un triangle est un polygone
qui a trois côtés.

Un triangle peut avoir
un angle droit.

Exemples :

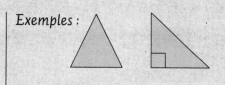

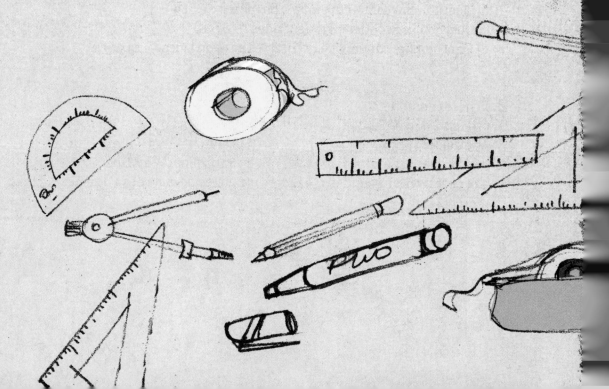

Valeur de position d'un chiffre dans un nombre

Voir aussi *décomposition d'un nombre.*

DEVOIRS MODÈLES

1. Colorie les cases selon les indications, puis réponds aux questions.

9 à la position des unités.   **9** à la position des unités de mille.

9 à la position des dizaines.   **9** à la position des dizaines de mille.

9 à la position des centaines.

15 769	53 492	17 982	19 886	91 731
17 591	23 549	79 182	85 967	97 321
17 889	71 896	81 950	89 571	93 782
86 193	34 879	59 632	23 946	96 572

a) Quel nombre contient 8 957 dizaines ? _89 571_

b) Quel nombre contient 15 unités de mille ? _15 769_

c) Quel nombre contient 859 centaines ? _85 967_

d) Quel nombre contient 234 centaines et 14 dizaines ? _23 549_

2. Écris les nombres.

25 × 10 = 250

25 dizaines : _250_   34 centaines et 5 unités : _3 405_

261 dizaines : _2 610_   2 782 dizaines : _27 820_

324 centaines et 25 unités : _32 425_   32 unités de mille et 54 dizaines : _32 540_

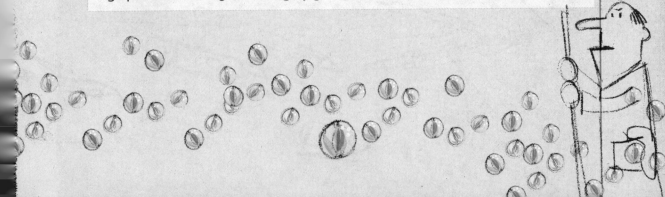

EXPLICATIONS

Dans notre système de numération, on utilise des regroupements par 10.

Quand on groupe 10 unités, on obtient **1 dizaine**.	Quand on groupe 10 dizaines, on obtient **1 centaine**.	Quand on groupe 10 centaines, on obtient **1 unité de mille**.	Quand on groupe 10 unités de mille, on obtient **1 dizaine de mille.**
1 dizaine = 10 unités	1 centaine = 10 dizaines = 100 unités	1 unité de mille = 10 centaines = 100 dizaines = 1 000 unités	1 dizaine de mille = 10 unités de mille = 100 centaines = 1 000 dizaines = 10 000 unités

Lorsqu'on écrit un nombre, chaque chiffre a une valeur selon la position qu'il occupe.

Exemple : **12 345**

d. de m.	u. de m.	c.	d.	u.
1	2	3	4	5

1	2	3	4	5
10 000	2 000	300	40	5

12 345 = 10 000 + 2 000 + 300 + 40 + 5

= 1 dizaine de mille + 2 unités de mille + 3 centaines + 4 dizaines + 5 unités

= 12 unités de mille + 3 centaines + 4 dizaines + 5 unités

= 123 centaines + 4 dizaines + 5 unités

= 1 234 dizaines + 5 unités

= 12 345 unités

Truc

Pour savoir combien de dizaines, de centaines, d'unités de mille contient un nombre, souligne le chiffre qui est à la position recherchée, puis entoure ce chiffre et ceux qui sont à sa gauche.

Exemple : 12 345   123 centaines

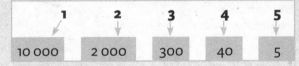
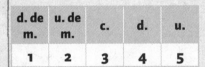

Volume

DEVOIRS MODÈLES

1. Écris le nombre de cubes-unités utilisés pour chaque construction.

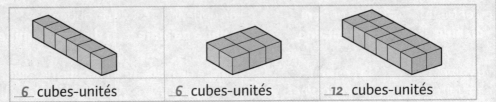

..6.. cubes-unités	..6.. cubes-unités	..12.. cubes-unités

2. Calcule le volume du solide ci-dessous.

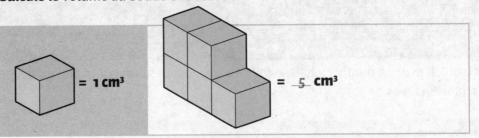

= 1 cm³   = ..5.. cm³

EXPLICATIONS

Le volume est l'espace occupé par un objet à trois dimensions. Pour mesurer le volume d'un objet, il faut compter combien d'unités il peut contenir.

On peut calculer le volume d'un solide en cubes-unités. On compte alors le nombre de cubes-unités qu'il contient. Deux solides peuvent avoir le même volume, mais pas la même forme.

Exemple :

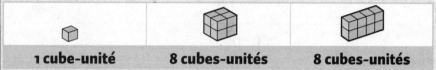

| 1 cube-unité | 8 cubes-unités | 8 cubes-unités |

On peut calculer le volume d'un solide en unités de mesure conventionnelles, par exemple, en centimètres cubes (cm³). On compte alors le nombre de cubes mesurant 1 centimètre d'arête qu'il contient.

Exemple :

1 cm³   **Volume : 3 cm³**

INDEX
Français

INDEX
Mathématique

Cet ouvrage a été composé en
Auto 5, Blockhead et Superchunk
et achevé d'imprimer au Canada en janvier 2007
sur les presses de Quebecor World St-Romuald.

Imprimé sur papier 100% post-consommation, traité sans chlore,
accrédité Éco-logo et fait à partir de biogaz.

certifié

procédé
sans chlore

100 % post-
consommation

archives
permanentes

BIO GAZ
ÉNERGIE
énergie
biogaz